組み方を楽しむ
エコクラフトのかご作り

荒関まゆみ

Contents

この本で使用した組み方　P.4-7
材料と用具　P.6-7

四つ目の整理かご
P.8

菱四つ目のテーブルバスケット
P.9

四つ目崩しのトレー　大・小
P.10

四つ目崩しのバスケット
P.11

四つ目崩しのバッグ
P.12

四つ目崩しのマガジンラック
P.13

六つ目の浅型かご
P.14

巻き六つ目の小さなかご
P.15

さし六つ目の小さなバッグ
P.16

さし六つ目の浅型かご
P.17

さし六つ目のかご　大・小
P.18-19

麻の葉崩しのハンドルつき
バスケット　大・小
P.20

小入れ麻の葉編みのバッグ
P.21

六つ目華編みのバッグ
P.22-23

片流れあじろ（左上流れ）の
バッグ　大・小
P.24

片流れあじろ（右上流れ）の
ショルダーバッグ
P.25

模様あじろのバスケット
P.26

模様あじろの小さなかご
P.27

模様あじろの収納ボックス
P.28

模様あじろの
ハンドルつきバスケット
P.29

基本の底の組み方
　四つ目の底　　　　P.30
　六つ目の底　　　　P.31
　あじろの底　　　　P.33
縁始末の仕方　　　　P.35
持ち手の巻き方　　　P.38
ニスについて　　　　P.41
ワンポイントレッスン　P.30、32、59

＊P.34〜95の作り方のプロセス写真は、わかりやすくするため、実際の作品とエコクラフトの色をかえて作っています。実際の色は、「材料」と「用意する幅と本数」を参照してください。
＊作り方の「裁ち方」の図は、幅と長さの比率が実際とは異なります。
＊エコクラフトは色によって、ひもの幅に若干の差があります。
＊記載している作品のサイズは目安です。編む手加減によってサイズは変わることがあります。
＊底のサイズは、横幅×奥行き（正六角形の底は対角線の長さ）で表記しています。

この本で使用した組み方

この本の作品で使った11種類の組み方とその特徴を解説します。

1 四つ目

縦ひもと横ひもで井桁を組み、正方形の目(空間)を作りながら、縦ひも、横ひもを交互に通して目数を増やしていく。

2 菱四つ目

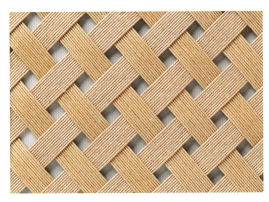

四つ目に組んだ面を、目の向きを45度傾けて立ち上げ、斜めに組んでいく。

3 四つ目崩し

四つ目に組んだベースに、さしひもを通して複雑な模様を作っていく。さしひもの幅、配置の仕方、配色によって趣の異なる模様ができる。

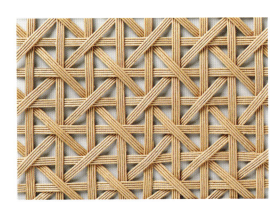

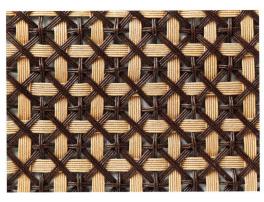

A　四つ目の対角線に沿って右上方向と左上方向にさしひもを斜めに通していく(このとき、右上方向のひもが表側に出ているところは左上方向のひもは裏側に、左上方向のひもが表側に出ているところは右上方向のひもは裏側になるように通す)。

B　四つ目の対角線に沿って斜めひもを右上方向と左上方向に配置し、目の中で配置した斜めひもが×になっているところにさしひもを横に渡すように通して×を固定しながら1周し、さらにその上に別のさしひもを縦に渡して十字を作る。

4 六つ目

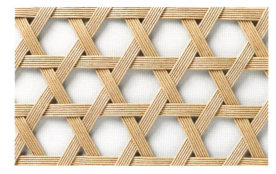

6本のひもを3方向から互い違いに組んで、正六角形の目（空間）を作り、以降3方向から互い違いに順にひもを通して正六角形の目数を増やしていく。

5 巻き六つ目

六つ目に組んだベースに巻きひもを3方向から巻きつけていく。ベースと異なる色の細いひもで巻くと、巻きひもで縁どられた花びらのような模様ができる。

6 さし六つ目

六つ目に組んだベースに、さしひもを通して編み地を作る。

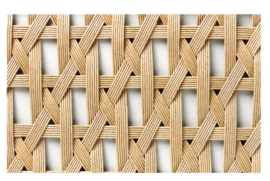

A 六つ目の縦方向だけにさしひもを通す。シンプルな模様の編み地になる。

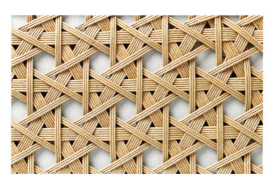

B 六つ目に3方向からさしひもを通す。より複雑な模様の丈夫な編み地になる。

7 麻の葉崩し

六つ目に組んだベースに、六つ目ひもと同じ幅のさしひもを3方向から通す。まず六つ目ひもの重なっているクロスの間にさしひもを横に通し、別のさしひもを右上方向と左上方向に通すが、横ひもの上と下を交互にくぐらせながら斜めに通す。このとき、さしひもの向きが各段ごとにそろうようにする。

8 小入れ麻の葉編み

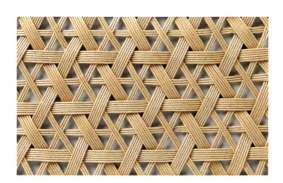

六つ目に組んだベースに、3方向から細いさしひもを通す。さしひもは六つ目ひもの重なっているクロスの間を通す。「小入れ」とは細いさしひもを通すことを言う。

9 六つ目華編み

六つ目に組んだベースに、3種類のさしひもを通して華模様を作る。配色ひも（ベースと色の違うさしひも）を通す順番をかえると模様が変化する。

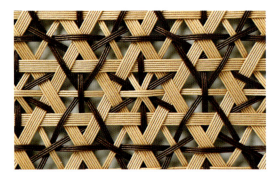

A 六つ目のベースに、配色ひもを最初に通して目の中に6枚の花びらを作り、次に六つ目と同色のさしひもを花びらの間に通して華にする。最後に華を囲むように配色ひもを周囲に通す。

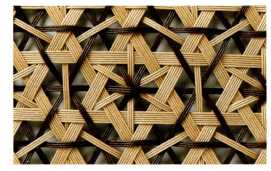

B 六つ目のベースに、六つ目と同色のさしひもを最初に通して目の中に6枚の花びらを作り、次に配色ひもを花びらの間に通して華にする。最後に華を囲むように配色ひもを周囲に通す。

10 片流れあじろ

すき間なく並べた縦ひもに、横ひもを表3目、裏3目（または表2目、裏2目）で通していくが、このとき1段ごとに目を左または右に1目ずつずらして通し、模様の流れを作る。

A 目を左側に1目ずつずらして編み入れると、左上方向に模様が流れる。

B 目を右側に1目ずつずらして編み入れると、右上方向に模様が流れる。

材料と用具

エコクラフト® について

ハマナカエコクラフト®は、牛乳パックなどから作られた手芸用の紙バンド。細い「こより」が12本集まって束になっていて（「12本幅」と呼びます）、必要な幅と長さに切って使います。

＊エコクラフトのことを作り方解説では「ひも」と呼んでいます。
＊エコクラフトには[5m巻]と[30m巻]の2種類があります。この本では1色の使用量が15m未満のときは[5m巻]、15m以上のときは[30m巻]で表示しています。

エコクラフト [5m巻]　　エコクラフト [30m巻]

エコクラフト実物大

エコクラフトの割き方

ひも端に2cmくらい切り込みを入れてPPバンドを垂直に入れ、ひもを手前に引っ張ります。

11 模様あじろ

すき間なく並べた縦ひもに、模様図の表目と裏目の目数を見ながら横ひもを通していく。模様あじろにはたくさんの種類があるが、この本ではA〜Dの4種類を紹介。

A

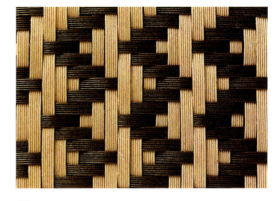

B

C

D

用具について （　）内は商品番号

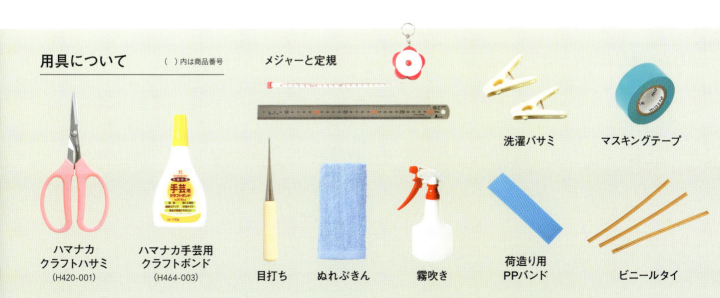

メジャーと定規

洗濯バサミ

マスキングテープ

ハマナカ
クラフトハサミ
（H420-001）

ハマナカ手芸用
クラフトボンド
（H464-003）

目打ち

ぬれぶきん

霧吹き

荷造り用
PPバンド

ビニールタイ

四つ目の整理かご

「四つ目」は、縦ひもと横ひもを編み目が交互になるように通していく組み方。この整理かごは、基本の四つ目だけで簡単に作れるので、初心者にもおすすめです。A4ファイルがぴったり収まるサイズも便利。

作り方／34ページ
サイズ／底 31.5cm×23.5cm、深さ 9cm

菱四つ目のテーブルバスケット

四つ目の底を斜めに立ち上げて組んでいくのが「菱四つ目」。組み方は四つ目と変わりませんが、斜めにすることで趣が出ます。底を立ち上げるときに、斜めにきちんと立ち上げることが形よく作るポイントです。

作り方／36ページ
サイズ／底 20cm×20cm、深さ 9.5cm

四つ目崩しのトレー 大・小

間隔をあけて組んだ四つ目の対角線にさしひもを斜めに通すと、透かし模様ができます。竹細工でよく使われる伝統的な技法ですが、白やサンドのような明るい色で作ると、軽やかでかわいらしい印象に。

作り方／39ページ
サイズ／小 底20cm×16cm、深さ4cm
　　　　大 底29cm×19cm、深さ4cm

四つ目崩しのバスケット

10ページと同じ、四つ目の対角線にさしひもを通した組み方ですが、ひも幅を太くして色の違う2色で作ると、雰囲気が変わります。あまり透け感のない編み地なので、その分しっかりとしたかごに仕上がります。

作り方/42ページ
サイズ/底 30cm×19.5cm、深さ 15cm

四つ目崩しのバッグ

四つ目の対角線に沿って斜めひもを配置し、別のさしひもで横と縦にかがって模様を作ります。ベージュとサンドのようにトーンの似た色を組み合わせると、上品な雰囲気にまとまります。

作り方／46ページ
サイズ／底27cm×12.5cm、深さ19cm

四つ目崩しのマガジンラック

12ページと同じ模様を白の四つ目にグレーのさしひもでかがってマガジンラックにしました。繊細できれいな模様が楽しめます。和洋どちらのお部屋にも似合うデザインです。

作り方／50ページ
サイズ／底 32cm×17cm、深さ 17cm

六つ目の浅型かご

ひもを3方向から互い違いに通し、正六角形の空間を作りながら組むのが「六つ目」。六つ目のシンプルなかごは、お茶の道具を入れたり、果物を入れたり、テーブルやキッチンで使うのに活躍しそうです。

作り方／52ページ
サイズ／底23cm、深さ8cm

巻き六つ目の小さなかご

六つ目に組んだベースに、細いひもを3方向から巻きつけていきます。巻きひもで縁どられた花びらのような模様が愛らしい。ベースと巻きつけるひもの色の組み合わせをいろいろ試しても楽しいですね。

作り方／54ページ
サイズ／底17㎝、深さ11.5㎝

さし六つ目の小さなバッグ

六つ目のベースに、縦方向にだけさしひもを通しました。さしひもを通す方向が1方向だけなので、比較的やさしく作れます。浴衣にも合いそうな、小さめサイズの手提げかごです。

作り方／57ページ
サイズ／底 29cm×9cm、深さ 16.5cm

さし六つ目の浅型かご

16ページと同じ組み方で、シンプルなかごを作りました。浅型の長細いかごは、お部屋の中で散らかりがちな細々したものを入れておくのに役立ちそう。バッグ同様、縁かがりをして少しだけ和風に仕上げています。

作り方／57ページ
サイズ／底 29cm×9cm、深さ 9cm

大

さし六つ目のかご 大・小

六つ目のベースに、さしひもを3方向から通して少し複雑な模様を作りました。元々は竹かごなどに見られる和の技法ですが、意外と洋風のインテリアにも合います。大きく作ればランドリーバスケットにもぴったりです。

作り方／60ページ
サイズ／小 底20cm、深さ17cm
　　　　大 底36cm、深さ25cm

小

麻の葉崩しのハンドルつき
バスケット　大・小

六つ目のベースに、六つ目のひもと同じ太さのさしひもを3方向から通します。編み目が詰まった丈夫な編み地になるので、大きめのかごにも向いています。倒せる持ち手をつけて使い勝手をよくしました。

作り方/65ページ
サイズ/小 底26㎝、深さ10㎝
　　　　大 底32㎝、深さ19㎝

小入れ麻の葉編みのバッグ

「小入れ」とは細いさしひもを通すことで、六つ目のクロスした部分に細いさしひもを3方向から通しています。鮮やかなターコイズグリーンが目を引きます。編み地に透け感があるので、中袋をつけるとよいでしょう。

作り方／69ページ
サイズ／底 26㎝×9.5㎝、深さ 19㎝

六つ目華編みのバッグ

その名の通り、六つ目のベースにさしひもを通して華模様を作ります。AとBはさしひもを通す順序は全く同じで、さしひもの色を変えただけ。華模様がだんだんでき上がっていくのが、作っていて楽しいバッグです。

作り方／72ページ
サイズ／底 31cm×12cm、深さ 22cm

B

A

小　　　大

片流れあじろ（左上流れ）のバッグ　大・小

すき間なく並べた縦ひもに、横ひもと編みひもを表3目、裏3目で1段ごとにずらして編むと、模様の流れができます。ナチュラルカラーもよいですが、ピンク系のかわいらしい色で作るのもおすすめです。

作り方／79ページ
サイズ／小 底 21.5cm×10cm、深さ 15cm
　　　　大 底 24cm×11cm、深さ 18.5cm

片流れあじろ（右上流れ）の ショルダーバッグ

縦ひもに対して表3目、裏3目で編んでいますが、24ページとは1段ごとにずらす方向を逆にして、右上方向に模様が流れるようにました。やや薄く横長のシルエットなので、肩にかけたときにちょうどよくフィットします。

作り方／83ページ
サイズ／底 32cm×8.5cm、深さ 21cm

模様あじろのバスケット

すき間なく並べた縦ひもに、編みひもを表目と裏目で規則的に編み入れて、幾何学模様を作っていくのが「模様あじろ」。このバスケットは側面にジグザグ模様を入れ、シンプルな持ち手をつけました。

作り方／84ページ
サイズ／底 27cm×18cm、深さ 15.5cm

模様あじろの小さなかご

縦方向にジグザグ模様を入れた小さなかごです。色の違う2色で作ってもいいですし、単色でシンプルにまとめても素敵です。ソーイングバスケットとして使うのもいいですね。

作り方／87ページ
サイズ／底 18cm×13cm、深さ 11cm

模様あじろの収納ボックス

白とパステルピンクでやさしい雰囲気にまとめた、長方形のボックス。浅型なので物が取り出しやすく、タオルなど日用品の収納にも便利です。何個か作って棚に並べて使うのもおすすめです。

作り方／90ページ
サイズ／底 28cm×18cm、深さ 11.5cm

模様あじろのハンドルつきバスケット

ベージュとマロンの2色で、十字と斜めに流れる模様を組み合わせて作りました。どんなお部屋に置いてもインテリアの邪魔にならず、おしゃれな雰囲気にしてくれます。

作り方／93ページ
サイズ／底 28㎝×18㎝、深さ 17㎝

基本の底の組み方

この本の作品で使用する、四つ目の底、六つ目の底、あじろの底の3種類を紹介します。実際に使用するひもは、各作品の「用意する幅と本数」を参照してください。

四つ目の底

縦ひもと横ひもを中央で垂直に貼り、正方形の目（空間）を作りながら縦ひもと横ひもを交互に通して組んでいきます。あれば方眼マットなどを敷いて、歪まないように組むと仕上がりがきれいです。

1 ②縦ひもの上に①横ひもの中央を合わせてボンドで貼り合わせる。これが底の中心になるので、マスキングテープなどで目印をつけておく。

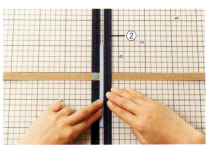

2 1本目の②縦ひもの両隣に指定の間隔をあけて、②縦ひもを①横ひもの上に貼る。余ったひもを指定の幅にして定規がわりに当て、間隔を均一にあける。

3 両隣に②縦ひもを貼ったところ。

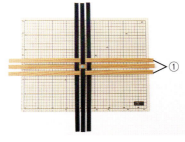

4 1本目の①横ひもの上下に指定の間隔をあけて、編み目が交互になるように①横ひもを通し、ボンドでとめる。

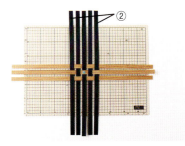

5 3の②縦ひもの両隣に指定の間隔をあけて、②縦ひもを通す。ここからは通したひもをボンドでとめなくてよい。

6 残りの①横ひもと②縦ひもを順に、指定の間隔をあけて交互に通す。

7 軽く霧吹きをして、ひもとひもとの間隔を整える。

8 いちばん外側の①横ひもと②縦ひもの重なり部分をボンドでとめる。四つ目の底のでき上がり。

ワンポイントレッスン

カットしたひもは束ねる

「用意する幅と本数」と「裁ち方」の図を見てカットしたひもは、番号順に束ねておきましょう。マスキングテープやビニールタイを利用すると便利です。

ひもの巻きぐせを直す

底を作るときに、ひもに巻きぐせがついていたら、手でしごいてまっすぐにしてから作業します。

ひもを貼り間違えたときは

貼り間違えた部分にアイロンを当てます。アイロンの熱でボンドが溶けるので、熱いうちにひもをはがします。

六つ目の底

ひもを3方向から互い違いに組んで、正六角形の目（空間）を作っていきます。正六角形に組む場合と、バッグなど横長の六角形に組む場合があります。均一に間隔をあけるのに、厚紙の定規を使います。

◎正六角形の底

1 厚紙で指定の幅の定規を作る。

※横長の六角形の底を作るときは、幅だけでなく、長さも指定通りに定規を作ります。正六角形の底の場合は、定規の長さは適当で構いません。

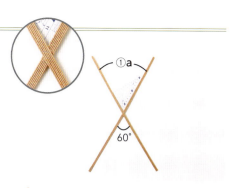

2 ①底ひもa2本の中心を60度になるように合わせ、ボンドで貼り合わせる。

※三角定規があると便利です。

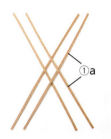

3 ①底ひもa2本で同じものをもう1組作り、2の上に重ねる。

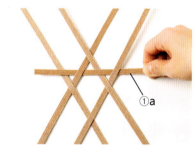

4 ①底ひもa1本を3の上に互い違いになるように編み入れる。

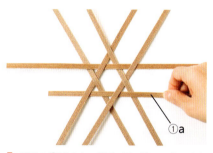

5 残りの①底ひもaを下に互い違いになるように編み入れる。

6 下側のひもの上下を入れかえて、3本のひもが交差するときに3本が互いに押さえ合うように組む。

7 中心の六角形の内側に厚紙の定規を当て、指定の間隔になるように形を整え、正六角形にする。

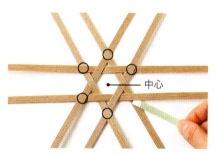

8 六角形のひもの重なり部分をボンドでとめる。これが底の中心になる。

※作品によっては、中心のひもをボンドでとめていないものもあります。

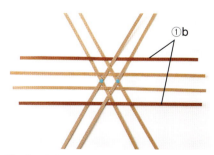

9 底の中心にマスキングテープなどで目印をつけ、上下に1本ずつ①底ひもbを編み入れる。

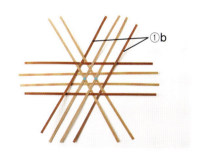

10 右上方向に斜めに①底ひもbを1本ずつ編み入れる。

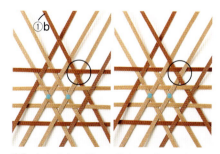

11 左上方向に斜めに①底ひもbを1本編み入れる。編み入れたときに、3本のひもが互いに押さえ合っていないときは（写真左）、その都度ひもの上下を入れかえて常に組まれるようにする（写真右）。

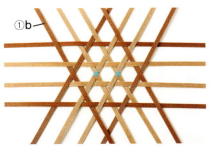
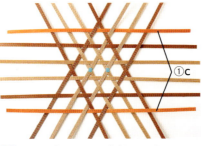

12 残りの①底ひもb1本を編み入れる。

13 同様に①底ひもc、d（本数は作品によって異なる）の順に編み入れ、六つ目に組む。

14 ①底ひもで全部組んだところ。正六角形の底ができる。ひもの端はそれぞれ1.5cmずつ（作品によっては2.5cmずつ）短くなる。

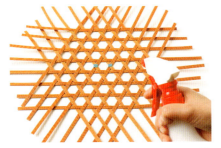
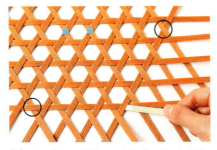
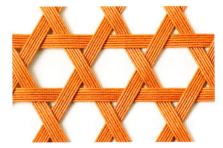

15 軽く霧吹きをして、定規を当てて間隔が均一になるように形を整える。

16 底の角の6カ所のひもをボンドでとめる。余ったひもを刷毛がわりにしてボンドを入れるとよい。六つ目の底のでき上がり。
※作品によっては、角の6カ所のひもをボンドでとめていないものもあります。

17 六つ目の編み地のアップ。

※定規の長さは①底ひもa（斜め）の半分の長さなので、底の中心から定規を当ててそろえると、中心からの①底ひもaの長さが等しくなります。

◎ 横長の六角形の底

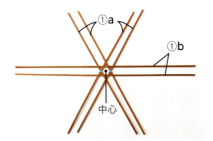
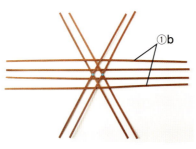

1 正六角形の底の1〜8を参照し、①底ひもa（斜め）4本と①底ひもb（横）2本で六つ目に組む。底の中心にマスキングテープなどで印をつける。

2 上下に1本ずつ①底ひもb（横）を編み入れる。

3 正六角形の底の10〜12を参照し、残りの①底ひもa（斜め）を編み入れて六つ目に組み、中心から厚紙の定規を当てて①底ひもaのひも端をそろえる。

4 ①底ひもa、bのひも端をそろえたら霧吹きをして、定規を当てて間隔が均一になるように整える。底の角の6カ所のひもをボンドでとめる。
※作品によっては、角の6カ所のひもをボンドでとめていないものもあります。

ワンポイントレッスン

底を立ち上げるとき

底のひもを立ち上げるときは、底のラインに定規を当ててしっかりと立ち上げます。

あじろの底

すき間なく並べた縦ひもに、横ひもを表3目、裏3目で通し、1本通すごとに1目ずつ右にずらして模様を作っていきます。最初はすき間があきますが、霧吹きをすると目がきれいに詰まります。

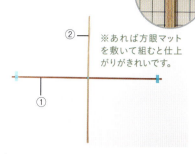

※あれば方眼マットを敷いて組むと仕上がりがきれいです。

1 ①横ひもの上に②縦ひもの中央を合わせてボンドで貼り合わせ、①横ひもの端をテープでとめる。これが底の中心になるので、マスキングテープなどで目印をつけておく。

2 1本目の②縦ひもの両隣にすき間をあけずに、②縦ひもをひも端をそろえて1本ずつ貼る。

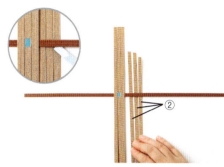

3 ②縦ひもを3本並べて①横ひもの下を通し、ひも端をそろえて①横ひもに貼る。余ったひもを刷毛がわりにしてボンドを入れるとよい。

※ひも端に文鎮や本など重しになるものをのせると、作業がしやすくなります。

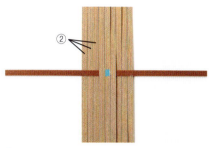

4 両側に②縦ひも3本を通して貼ったところ。

5 以降、②縦ひもを左右対称に3本ずつ、①横ひもの表側と裏側に交互に貼って指定の本数を取りつける。左右の端の②縦ひもは、作品によって1本または2本になることもある。

※縦ひもを全部貼ったら、①横ひもをとめたテープははずします。

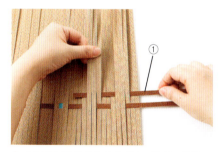

6 1本目の①横ひもの上側に、残りの半数の①横ひもを1目右にずらして表3目、裏3目で通す。左手で②縦ひもをすくいながら、右から左に向かって①横ひもを通していく。

7 上半分通し終えたら、軽く霧吹きをして目を詰める。

8 詰めたところ。

9 上下を逆にしておき、残りの半数の①横ひもを同様に1目右にずらして表3目、裏3目で通す。

10 全部通したら、軽く霧吹きをして目を詰める。この面が底の内側になる。

11 いちばん外側の①横ひもと②縦ひもの重なり部分をボンドでとめる。あじろの底のでき上がり。

四つ目の整理かご | Photo 8ページ

- ◎ **材料** ハマナカエコクラフト [30m巻] あいいろ (122) 1巻
- ◎ **用具** 7ページ参照
- ◎ **でき上がり寸法** 写真参照

◎ **用意する幅と本数**（裁ち方図参照）

①横ひも	12本幅	51cm × 11本
②縦ひも	12本幅	44cm × 15本
③編みひも	12本幅	114cm × 3本
④縁ひも	12本幅	114cm × 2本
⑤縁補強ひも	3本幅	113cm × 2本

◎ 裁ち方

あいいろ [30m巻]　　　　　　　　　　　　　　　　　　　　　　　　　　　　　　　□ = 余り部分

①12本幅 51cm×11本　　②12本幅 44cm×15本

―― 1221cm ――

③12本幅 114cm×3本　　④12本幅 114cm×2本　　⑤3本幅 113cm×2本

―― 683cm ――

1 P.30「四つ目の底」を参照し、①横ひもと②縦ひもで7mm強間隔（＝ひも6本幅分）あけて四つ目の底を作る。

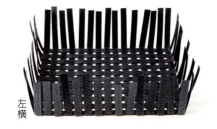

2 底から出ているひもをすべて内側に折り曲げて立ち上げる。以降、立ち上げたひもをすべて縦ひもとする。

左横

3 ③編みひも1本を左横中央の1本右隣の縦ひもの裏側に洗濯バサミでとめ（ボンドではとめない）、縦ひもに対して交互になるように1段編む。

左横中央

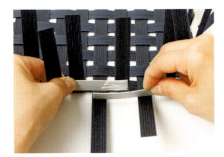

4 編み終わりは、編み始めの1本右隣の縦ひもの前で（ひもの余分があればカットする）、編み始めと重ねてボンドで貼り合わせる。

POINT 4の位置でカットして貼り合わせると、編みものつなぎ目が表側からも裏側からも見えないので、仕上がりがきれいです。

5 底と1段目の③編みひもの間がひも6本幅分になるように間隔をあけ、縦ひもと③編みひもをところどころボンドでとめる。余ったひもを刷毛がわりにしてボンドを入れるとよい。

6本幅分

6 2本目の③編みひもを1段目と縦ひも1本ずらしたところに洗濯バサミでとめ（ボンドではとめない）、同様に間隔をあけて2段目を編む。

POINT 側面の③編みひもは、四つ目に組んだ底の編み目と互い違いになります。

7 ③編みひもで計3段編む。編みひもと編みものの間隔がひも6本幅分の正方形になるように整え、ところどころボンドでとめる。

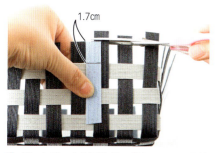

8 残った縦ひもを最終段の③編みひもの上端から1.7cm残して切りそろえる。余ったひもを定規がわりに当てるとよい。

9 下の「縁始末の仕方」を参照し、④ひもを最終段の③編みひもの上端からひも6本幅分あけて、左横中央の表側から1周貼る。④縁ひもの裏側に⑤縁補強ひもを2周、④縁ひもを1周貼る。

10 でき上がり。

縁始末の仕方

この本の作品に共通する縁始末です。縁補強ひもは1周の場合と2周の場合があります。

1 縦ひもにボンドをつけ、縁ひもを表側から1周貼る。このとき縁ひもの裏側に、縁補強ひもを貼るスペースがあるかを確認する。

2 貼り終わりは1cm重なるように余分をカットしてボンドで貼り合わせる。

3 縁補強ひもにボンドをつけ、縁ひもの上端に合わせて裏側に貼る。

4 2周貼る場合。縁補強ひもが2本に分かれているときは、1本目の貼り終わりから続けて2本目を貼る。1本のときは続けて2周目を貼る。

5 2の縁ひもの貼り終わりまで貼ったら、ひもの余分をカットする。ここで貼り終わると、縁がすべて3重になり、厚さが均一になる。

※1周貼る場合は、縁補強ひもを2の縁ひもの貼り終わりまで貼ったら余分をカットする。縁がすべて2重になり、厚さが均一になる。

6 もう1本の縁ひもにボンドをつけて縁補強ひもの上端に合わせて裏側に貼る。
※表側の縁ひもの端の位置より1cm右側に取りつけ、左回りに貼ると、貼り終わり位置が表側の縁ひもとそろいます。

7 貼り終わりは1cm重なるように余分をカットしてボンドで貼り合わせる。

菱四つ目のテーブルバスケット | Photo 9 ページ

- ◎ **材料** ハマナカエコクラフト [30m巻] パステルピンク (116) 1巻
- ◎ **用具** 7ページ参照、厚紙
- ◎ **でき上がり寸法** 写真参照
- ◎ **用意する幅と本数**（裁ち方図参照）

①底ひも a	12本幅	52cm × 4本
①底ひも b	12本幅	49cm × 4本
①底ひも c	12本幅	46cm × 4本
①底ひも d	12本幅	43cm × 4本
①底ひも e	12本幅	40cm × 4本
①底ひも f	12本幅	37cm × 4本
①底ひも g	12本幅	34cm × 4本
②縁ひも	12本幅	82cm × 2本
③縁補強ひも	3本幅	160cm × 1本
④持ち手ひも	6本幅	73cm × 2本
⑤持ち手補強ひも	12本幅	12cm × 1本
⑥巻きひも	2本幅	220cm × 1本

◎ 裁ち方

パステルピンク [30m巻]　　　　　□ = 余り部分

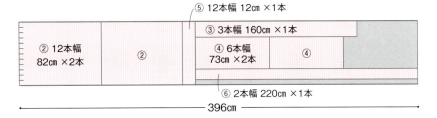

1 底を四つ目に組む。①底ひも a 2本の端から24cmのところに印をつける。印をつけたひもを1本ずつ縦と横におき、縦の上に横のひもをのせ、印を合わせてボンドで貼り合わせる。

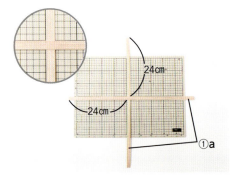

2 1の縦のひもの右隣に、①底ひも a 1本を約6mm間隔（＝ひも5本幅分）あけて貼る。余ったひもを5本幅にして定規がわりに当てるとよい。

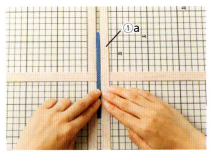

3 同様にひも5本幅分あけて下に残りの①底ひも a を入れて井桁を作り、ひもの重なる部分をボンドでとめる。

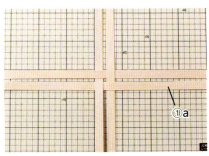

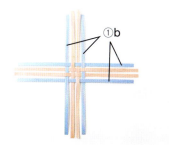

4 ①底ひもb 4本を同様にひも5本幅分あけて、編み目が交互になるように四つ目に組む。

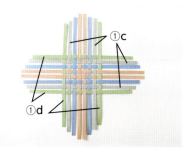

5 ①底ひもc、d各4本を順に通す。ひも端は1.5cmずつ短くなる。軽く霧吹きをしながら組むと、ひもがずれにくい。

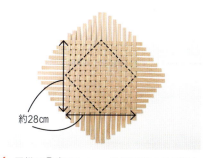

6 同様に①底ひもe〜gを順に四つ目に組む。編みひもと編みひもの間隔がひも5本幅分の正方形になるようにし、1辺が約28cmの正方形になるように形を整える。

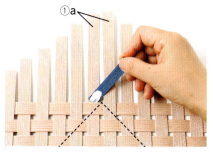

7 6の破線の位置で立ち上げるが、立ち上げたときにひもがずれないように、底の角（破線の角）の部分をボンドでとめておく。

8 破線（①底ひもaと①底ひもaの間）に定規を当て、内側に折り曲げて立ち上げる。

POINT
立ち上げる斜めのラインに沿って、軽く霧吹きをしておくと、立ち上げやすくなります。

9 立ち上げた①底ひもの残りで、底の編み目とつながるように四つ目に組んでいく。まず、角の①底ひもを交差させ、底と同様にひも5本幅分あけて斜めに四つ目に組んでいく。

10 全部組み終えたら、軽く霧吹きをして、編みひもと編みひもの間隔がひも5本幅分の正方形になるように整える。

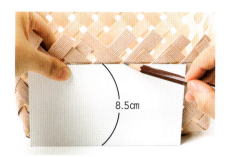

11 厚紙で8.5cmの定規を作り、底から8.5cmのところに線を引く。

12 線に沿って①底ひもを高さ8.5cmに切りそろえる。

13 P.35「縁始末の仕方」を参照し、②縁ひもを写真の位置から、①底ひもから4mm上に出るように1周貼り、②縁ひもの裏側に③縁補強ひもを2周、②縁ひもを1周貼る。

※持ち手を差し込むと、②縁ひもの貼り終わりのつなぎ目がちょうど隠れます。

14 ④持ち手ひもの中央に印をつけ、ひもの両端が中央で突き合わせになるように、持ち手の形を作りながら内側に折る。

15 ④持ち手ひもをいったん伸ばし、表側から持ち手つけ位置（13の写真参照）の②縁ひもの下に折り目のところまで差し込み、向かい側に渡して同様に差し込む。

16 ④持ち手ひもにボンドをつけ、貼り合わせる。もう1本の④持ち手ひもも同様に作る。

17 ④持ち手ひも2本を中央で並べ、裏側に⑤持ち手補強ひもを貼る。

18 ⑥巻きひもの半分を束ねて洗濯バサミでとめ、⑥巻きひもの中央と持ち手の中央を合わせ、片側を巻いていく。

19 ⑤持ち手補強ひものところまですき間なく巻く（下の「持ち手の巻き方」参照）。反対側も同様に巻く。

20 でき上がり。

持ち手の巻き方

◎巻きひもを持ち手ひもの裏側に貼って巻く

1 巻きひもは束ねておく。

2 巻きひもの端にボンドをつけ、持ち手ひもの裏側に斜めに貼り、根元から巻いていく（巻きひもの端が裏側で隠れる）。

3 巻きひもがねじれないように気をつけ、すき間なく巻いていく。

4 反対側まで巻いたら、巻きひもを1cm残してカットし、ボンドをつけて目打ちで巻いた部分に入れ込む。

◎巻きひもを持ち手ひもの間に入れて巻く

1 巻きひもは束ねておく。巻きひもの端にボンドをつけ、持ち手ひもの間に入れて貼る。

2 巻きひもがねじれないように気をつけ、持ち手の根元からすき間なく巻いていく。

3 反対側まで巻いたら、巻きひもを1cm残してカットする。

4 ひもの先にボンドをつけて目打ちで持ち手の間に入れ込む。

四つ目崩しのトレー　大・小　| Photo 10 ページ

小

大

- ◎**材料**　ハマナカエコクラフト
  - 小 [5m巻] サンド (13) 2巻
  - 大 [5m巻] 白 (2) 2巻
- ◎**用具**　7ページ参照
- ◎**でき上がり寸法**　写真参照

◎**用意する幅と本数**（裁ち方図参照）
ひも幅は大小共通

		小	大
①横ひも	4本幅	31cm × 11本	42cm × 13本
②縦ひも	4本幅	28cm × 13本	32cm × 19本
③編みひも	4本幅	77cm × 1本	100cm × 1本
④斜めさしひも	4本幅	230cm × 3本	300cm × 3本
⑤縁ひも	12本幅	80cm × 2本	100cm × 2本
⑥縁補強ひも	2本幅	80cm × 2本	100cm × 2本

◎小の裁ち方

◎大の裁ち方

※小で解説をしています。大は指定の長さと本数で同様に作ります。

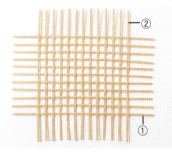

1 P.30「四つ目の底」を参照し、①横ひもと②縦ひもで1cm強間隔（＝ひも9本幅分）あけて四つ目の底を作る。

2 底から出ているひもをすべて内側に折り曲げて立ち上げる。以降、立ち上げたひもをすべて縦ひもとする。

3 ③編みひもを左横中央の縦ひもの裏側に洗濯バサミでとめ（ボンドではとめない）、縦ひもに対して交互になるように1段編む。編み終わりは編み始めと重ねてボンドで貼り合わせる。

4 底と③編みひもの間がひも9本幅分になるように間隔をあけ、縦ひもと③編みひもをところどころボンドでとめる。（P.34の5参照）。

5 角の①横ひもと②縦ひもは、間隔をあけずに2本一緒に洗濯バサミでとめておく。

6 ④斜めさしひもを四つ目の対角線上に通すが、その都度必要な長さに切って使う。まず左下の角から右上方向にひもを通すので、その長さ分を切る。
※④斜めさしひもは立ち上げた縦ひもの上端に合わせてカットします。

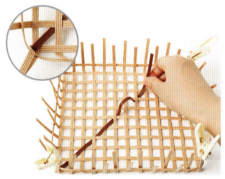

7 6で切った④斜めさしひもを左下の角のひもにボンドでとめ、四つ目の対角線上を交互に通していく。

8 同様に④斜めさしひもを必要な長さに切ってから、右上方向に通す。底の角に向かう④斜めさしひもは側面まで伸ばさず、底面の角のひもにボンドでとめる。

9 ④斜めさしひもを少し通したところ。

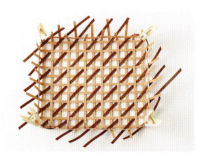

10 右上方向に全部通したところ。

11 今度は左上から右下方向に④斜めさしひもを通す。④斜めさしひもは必要な長さにその都度切って、底の角に向かうひもは底面の角のひもにとめる。

12 先に通した右上方向のひもが表に出ているところは右下方向のひもは裏側に、右上方向のひもが裏側を通っているところは右下方向のひもは表側になるように通す。

13 ④斜めさしひもをすべて通し終わったら、軽く霧吹きをして、底面のひもとひもの間の三角形のすき間の大きさがそろうように整える。

14 側面の編み目が底の模様と同じになるようにひもの重なりを整え、④斜めさしひもを縦ひもにとめる。余ったひもを刷毛がわりにしてボンドを入れるとよい。

15 角の④斜めさしひもは、写真のように重ねてボンドでとめる。

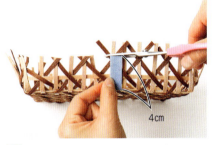

16 全部とめたところ。

17 余ったひもで4cmの定規を作り、底から4cmのところで切りそろえる。

18 全部切りそろえたところ。

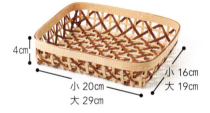

19 P.35「縁始末の仕方」を参照し、底面から3cmあけて⑤縁ひもを左横中央の表側から1周貼り、⑤縁ひもの裏側に⑥縁補強ひもを2周、⑤縁ひもを1周貼る。

20 縁始末が終わったところ。

21 でき上がり。

◇ ニスについて

エコクラフトの作品が完成したら、ニスを塗ると光沢が増して耐水性がアップします。ニスには、刷毛で塗るリキッドタイプと、無色透明のスプレータイプとがあります。どちらもニスを塗った後は、充分に乾かしてから使いましょう。

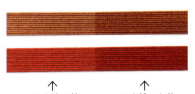

↑ニスを塗る前　↑ニスを塗った後

左 ハマナカ
水性アクリルニス
(H204-548)

右 ハマナカ
透明アクリルニス・スプレータイプ
(H204-577)

四つ目崩しのバスケット | Photo 11 ページ

- ◎**材料** ハマナカエコクラフト
  - [30m巻] チョコレート (115) 1巻
  - [5m巻] モスグリーン (12) 2巻
- ◎**用具** 7ページ参照
- ◎**でき上がり寸法** 写真参照
- ◎**用意する幅と本数**（裁ち方図参照）
  - 指定以外チョコレート

番号	名称	幅	長さ×本数	備考
①	横ひも	6本幅	64cm × 13本	
②	縦ひも	6本幅	54cm × 21本	
③	底さしひも	6本幅	300cm × 2本	
④	編みひも	6本幅	104cm × 8本	
⑤	斜めさしひも	6本幅	23cm × 64本	モスグリーン
⑥	縁ひも	12本幅	104cm × 2本	
⑦	縁補強ひも	3本幅	200cm × 1本	
⑧	底縁補強ひも	8本幅	102cm × 1本	
⑨	持ち手ひも	8本幅	51cm × 4本	
⑩	持ち手補強ひも	12本幅	17cm × 2本	
⑪	巻きひも	2本幅	370cm × 1本	
			150cm × 4本	

◎裁ち方

チョコレート [30m巻]

= 余り部分

⑥ 12本幅 104cm ×2本 / ⑥ / ⑩ 12本幅 17cm ×2本 / ① 6本幅 64cm ×13本
— 626cm —

② 6本幅 54cm ×21本
— 604cm —

③ 6本幅 300cm ×2本 / ④ 6本幅 104cm ×8本
— 716cm —

⑧ 8本幅 102cm ×1本 / ⑨ 8本幅 51cm ×4本 / 2本幅 150cm ×4本
⑦ 3本幅 200cm ×1本 / ⑪ 2本幅 370cm ×1本
— 570cm —

モスグリーン [5m巻]

6本幅 23cm ×64本
— 483cm —

— 253cm —

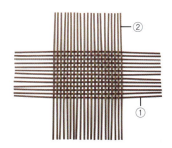

1 P.30「四つ目の底」を参照し、①横ひもと②縦ひもで7mm強間隔（＝ひも6本幅分）あけて四つ目の底を作る。

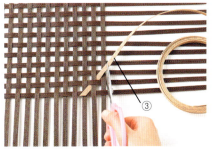

2 ③底さしひもを四つ目の対角線上に通すが、③底さしひもはその都度必要な長さに切って使う。まず左下から右上方向にひもを通し、ひも端を斜めに切って底面の縁にボンドで貼る。

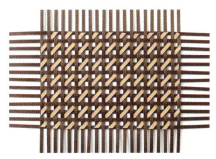

3 同様に③底さしひもを右上方向に通す。ひも端は斜めに切ってボンドでとめる。

4 右上方向に全部通したら、今度は左上方向に③底さしひもを通す。ひも端は同様に斜めに切ってボンドでとめる。

5 左上方向に③底さしひもを全部通す。先に通した右上方向のひもが表に出ているところは左上方向のひもは裏側に、右上方向のひもが裏側を通っているところは左上方向のひもは表側になるように通す。

6 底から出ているひもをすべて内側に折り曲げて立ち上げる。以降、立ち上げたひもをすべて縦ひもとする。

7 ④編みひもを左横中央の縦ひもの裏側に洗濯バサミでとめ（ボンドではとめない）、底と④編みひもの間がひも6本幅分になるように間隔をあけ、縦ひもに対して交互になるように1段編む。

8 編み終わりは編み始めと重ねてボンドで貼り合わせる。2本目の④編みひもを1段目と縦ひも1本ずらしたところに洗濯バサミでとめ、同様に間隔をあけて2段目を編む。

9 ④編みひもで計8段編む。軽く霧吹きをして、編みひもと編みひもの間隔がひも6本幅分の正方形になるように整える。

10 最終段の④編みひもと縦ひもをところどころボンドでとめる。角の①横ひもと②縦ひもは、間隔をあけずに2本一緒に洗濯バサミでとめておく。

11 ⑤斜めさしひもを側面の四つ目の対角線上に通していく。まず、左下から右上方向にひもを通す。⑤斜めさしひもの下端は斜めに切って、内側の底面の縁に貼る。
※角の2本は縦ひも1本分とします。

12 同様に⑤斜めさしひもを右上方向に通していく。

13 内側から見たところ。⑤斜めさしひもの端はその都度斜めに切って、底面の縁にボンドでとめる。

14 右上方向の⑤斜めさしひもをある程度通したら、今度は右下から左上方向にひもを通す。

※右上方向の⑤斜めさしひもを全部通してから、左上方向の⑤斜めさしひもを通しても構いません。

15 先に通した右上方向のひもが表に出ているところは左上方向のひもは裏側に、右上方向のひもが裏側を通っているところは左上方向のひもは表側になるように通す。

16 ⑤斜めさしひもを全部通したところ。

17 側面の編み地のアップ。

18 ⑨持ち手ひも1本の端にボンドをつけ、端から5番目の縦ひもの裏側に貼る。⑨持ち手ひもの端は、最終段の④編みひもの上端と突き合わせにする。

19 もう1本の⑨持ち手ひもにボンドをつけ、**18**の持ち手ひもの上に縦ひもを挟むように表側に貼る。

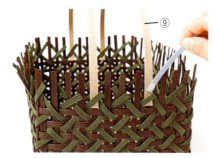

20 縦ひも3本あけたところに、残りの⑨持ち手ひも2本で同様に持ち手を作る。側面上部のひも端を模様通りに整え、⑤斜めさしひもを縦ひも（持ち手のところは持ち手ひも）にボンドでとめる。

21 ⑨持ち手ひも2本を中央で並べ、表側と裏側に⑩持ち手補強ひもを1枚ずつ貼る。

22 残った縦ひもを最終段の④編みひもの上端から2.2cm残して切りそろえる。余ったひもを定規がわりに当てるとよい。

23 切りそろえた縦ひもにボンドをつけ、⑥縁ひもを縦ひもより4mm上に出るように、左横中央の表側から1周貼る。最後は1cm重ねてボンドで貼り合わせる。

24 ⑦縁補強ひもにボンドをつけ、持ち手のところから⑥縁ひもの裏側の上端に合わせて2周貼る。⑦縁補強ひもは持ち手のところは避け、必要な長さに切って使う。

25 もう1本の⑥縁ひもにボンドをつけ、⑦縁補強ひもの上端に合わせて裏側に1周貼る(P.35「縁始末の仕方6・7を参照」)。

26 持ち手の下部の裏側に⑪巻きひも(150cm)をボンドでとめ、中央部手前まですき間なく巻いていく(P.38「持ち手の巻き方」参照)。

27 同様に持ち手の下部4カ所を⑪巻きひも(150cm)で巻く。

28 中央部を⑪巻きひも(370cm)で巻く。

29 ⑧底縁補強ひもを内側の底の縁に沿ってボンドで貼る。⑧底縁補強ひもは必要な長さに切って使う。

30 でき上がり。

◎ 小入れ麻の葉編みのバッグの内袋の作り方　　Photo 21ページ、作り方69ページ　（内袋のサイズ／底25cm×10cm、深さ33cm）

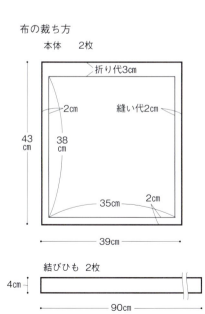

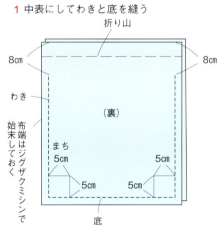

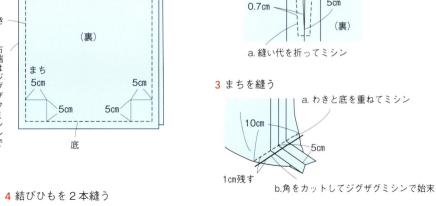

四つ目崩しのバッグ　Photo 12ページ

- ◎**材料**　ハマナカエコクラフト
  [30m巻] ベージュ (101) 1巻
  [5m巻] サンド (13) 2巻
- ◎**用具**　7ページ参照
- ◎**でき上がり寸法**　写真参照
- ◎**用意する幅と本数** (裁ち方図参照)
  指定以外ベージュ

①横ひも	6本幅	70cm × 5本	
②縦ひも	6本幅	56cm × 13本	
③底さしひも	6本幅	27cm × 12本	
④編みひも	6本幅	83cm × 8本	
⑤斜めひも	3本幅	30cm × 72本	サンド
⑥横さしひも	2本幅	90cm × 8本	サンド
⑦縦さしひも	2本幅	21cm × 36本	サンド
⑧縁ひも	12本幅	84cm × 2本	
⑨縁補強ひも	3本幅	164cm × 1本	
⑩リングひも	6本幅	14cm × 4本	
⑪持ち手ひも	9本幅	121cm × 2本	
⑫巻きひも	2本幅	400cm × 2本	
⑬底縁補強ひも	6本幅	80cm × 1本	

◎裁ち方

ベージュ [30m巻]

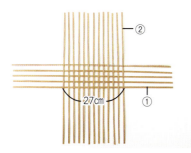

1 P.30「四つ目の底」を参照し、①横ひもと②縦ひもで約1.5cm間隔（＝ひも12本幅分）あけて四つ目の底を作る。霧吹きをして間隔を整え、底面の横幅が27cmになるようにする。

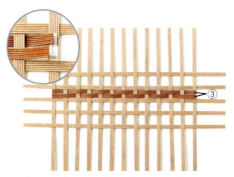

2 底面（横幅27cm）の①横ひもと①横ひもの間に、③底さしひもを編み目が互い違いになるように2本ずつ通す。③底さしひもの端は、左右の端の②縦ひもの上にボンドでとめる。

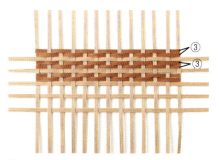

3 同様に③底さしひもを2本ずつ通し、端をボンドでとめる。底の一番上の①横ひもの上にも2本通す。

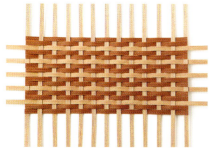

4 下側も同様に③底さしひもを2本ずつ通し、底の一番下の①横ひもの下にも2本通す。上端と下端の③底さしひもを②縦ひもにボンドでとめる。

5 底から出ているひもをすべて内側に折り曲げて立ち上げる。以降、立ち上げたひもをすべて縦ひもとする。

6 ④編みひもを左横中央の縦ひもの裏側に洗濯バサミでとめ（ボンドではとめない）、縦ひもに対して交互になるように1段編む。底と④編みひもの間は間隔をあけない。編み終わりは編み始めと重ねてボンドで貼り合わせる。

7 2本目の④編みひもを1段目と縦ひも1本ずらしたところに洗濯バサミでとめ、ひも12本幅分間隔をあけて2段目を編む。

8 ④編みひもで計8段編む。

9 軽く霧吹きをして、編みひもと編みひもの間隔がひも12本幅分の正方形になるように整える。最終段の④編みひもと縦ひもをところどころボンドでとめる。

10 残った縦ひもを最終段の④編みひもの上段から2.5cm残して切りそろえる。余ったひもを定規がわりに当てるとよい。

11 切りそろえた縦ひもにボンドをつけ、⑧縁ひもを最終段の④編みひもの上端から1.5cm間隔をあけて、左横中央の表側から1周貼る。最後は1cm重ねてボンドで貼り合わせる。

12 ⑤斜めひもの先端を5mm折り、ボンドをつける。

13 ⑤斜めひもの折り曲げた先端を縦ひもの左横に差し込み、内側の底面に取りつける。四つ目の対角線上をたどって右上方向に斜めにのせ、⑧縁ひものところまできたら、⑧の縁ひもの裏側に入れて洗濯バサミで固定する。

14 同様に縦ひもの左横に⑤斜めひもを1本ずつ取りつけ、⑤斜めひもを右上方向にのせて洗濯バサミでとめる。

15 右上方向の⑤斜めひもをある程度取りつけたら、今度は縦ひもの右横に⑤斜めひもを同様に取りつけ、四つ目の対角線上をたどって左上方向にひもをのせて洗濯バサミでとめる。

16 四つ目の中に⑤斜めひものクロスができたところから、⑥横さしひもを通していく。⑥横さしひもを縦ひもの裏側にボンドでとめ、クロスの上を渡して縦ひもの裏側を通す。

17 2段目以降も同様に、⑤斜めひものクロスができたところから、⑥横さしひもを通していく。⑥横さしひもは、クロスが四つ目の真ん中にくるように調整しながら通す。

18 裏側から見たところ。

19 ⑥横さしひもは1周したら、裏側で1cm重ねて貼り合わせる。⑤斜めひもを全部取りつけ、⑥横さしひもを全部通したところ。
※⑤斜めひもを全部取りつけてから、⑥横さしひもを通しても構いません。

20 ⑦縦さしひもの先端を5mm折ってボンドをつけ、折り曲げた先端を内側の底面に貼り、⑥横さしひもと十字を作るように縦に通していく。

21 ⑦縦さしひもを全部通したところ。

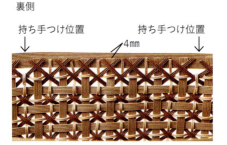
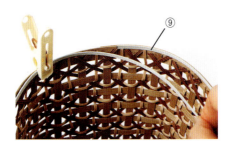

22 側面の編み地のアップ。

23 ⑤斜めひも、⑦縦さしひもを⑧縁ひもの上端から4mm控えて切りそろえ、⑧縁ひもの裏側にボンドで貼る。持ち手つけ位置(**34**の写真参照)の⑦縦さしひも4カ所は下向きに折り込んで貼る。

24 P.35「縁始末の仕方」を参照し、⑨縁補強ひもにボンドをつけ、⑧縁ひもの裏側に2周貼る。

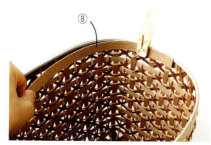

25 もう1本の⑧縁ひもにボンドをつけ、裏側に1周貼る。

26 持ち手を作る。⑪持ち手ひもの端を内側に4cm折り、折り目から37cmのところをさらに内側に折る。

27 残りのひもを下側に沿わせ、持ち手の形にしながら左端まできたら上側に沿わせ、右端まできたら残り部分を内側に折る。

28 両端にループ分を残し、持ち手の形を作りながらボンドで貼り合わせる。3重の持ち手になる。

29 ループはあとで縦ひもを通すので、つぶれている場合はペンなどを使って穴を広げておく。

30 ⑫巻きひもの端を⑪持ち手ひもの間に入れてボンドでとめ、ループ部分を残してすき間なく巻く（P.38「持ち手の巻き方」参照）。

31 もう1本の持ち手も同様に作る。

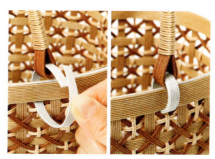

32 ⑩リングひもを持ち手つけ位置（**34**の写真参照）に通し、持ち手のループを通して2重の輪を作りながらボンドで貼り合わせる。

33 余ったひもにボンドをつけ、リングと持ち手のループの間にボンドを入れて固定する。

※リングと持ち手のループを固定するのは、持ち手がグラグラしないで使いやすくするため。

34 反対側の持ち手も同様につける。

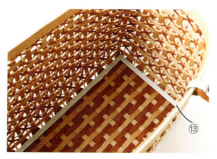

35 ⑬底縁補強ひもを内側の底の縁に沿ってボンドで貼る。⑬底縁補強ひもは必要な長さに切って使う。

36 でき上がり。

四つ目崩しのマガジンラック | Photo 13 ページ

- ◉ **材料**　ハマナカエコクラフト
  - [5m巻] 白 (2) 3巻
  - [5m巻] グレー (20) 3巻
- ◉ **用具**　7ページ参照
- ◉ **でき上がり寸法**　写真参照
- ◉ **用意する幅と本数** (裁ち方図参照)
  - 指定以外はグレー

① 横ひも	6本幅	72cm × 7本	白
② 縦ひも	6本幅	56cm × 15本	白
③ 底さしひも	6本幅	32cm × 16本	白
④ 編みひも	6本幅	102cm × 7本	白
⑤ 斜めひも	3本幅	26cm × 88本	
⑥ 横さしひも	2本幅	106cm × 7本	
⑦ 縦さしひも	2本幅	20cm × 44本	
⑧ 縁ひも	12本幅	102cm × 2本	
⑨ 縁補強ひも	3本幅	200cm × 1本	
⑩ 持ち手ひも	9本幅	50cm × 2本	
⑪ 巻きひも	2本幅	180cm × 2本	
⑫ 底縁補強ひも	6本幅	100cm × 1本	白

◉ **裁ち方**

白 [5m巻] ／ グレー [5m巻]

（裁ち方図参照）

50

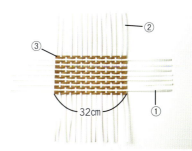

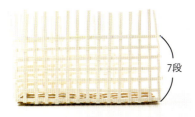

1 P.47の**1〜4**と同様に、①横ひもと②縦ひもで約1.5cm間隔（＝ひも12本幅分）あけて四つ目に組んで底面の横幅が32cmになるようにし、③底さしひもを通す。

2 底から出ているひもをすべて内側に折り曲げて立ち上げる。以降、立ち上げたひもをすべて縦ひもとする。

3 P.47の**6〜9**と同様に、④編みひもで7段編み、軽く霧吹きをして形を整える。最終段の④編みひもと縦ひもをところどころボンドでとめる。

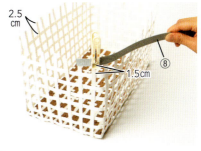

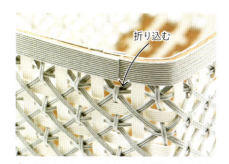

4 残った縦ひもを最終段の④編みひもの上端から2.5cm残して切りそろえ、⑧縁ひもを最終段の④編みひもの上端から1.5cm間隔をあけて、左横の右端から2本目の縦ひもの表側から1周貼る。最後は1cm重ねてボンドで貼り合わせる。

5 P.47・48の**12〜21**と同様に、⑤斜めひもを取りつけて側面に斜めにのせ、⑥横さしひも、⑦縦さしひもを通す。

6 ⑤斜めひも、⑦縦さしひもを⑧縁ひもの上端から4mm控えて切りそろえ、⑧縁ひもの裏側に貼る（持ち手位置の⑦縦さしひもは下向きに折り込む）。P.35「縁始末の仕方」を参照し、⑧縁ひもの裏側に⑨縁補強ひもを2周、⑧縁ひもを1周貼る。

※持ち手を差し込んだときに、⑧縁ひもの貼り終わりのつなぎ目がちょうど隠れるようにします。

7 持ち手を作る。⑩持ち手ひもは両端から15.5cmのところで折る。

8 ⑩持ち手ひもをいったん伸ばし、かごの左右の表側から⑧縁ひもの下に折り目のところまで差し込む。

9 ⑩持ち手ひもを持ち手の形にし、ボンドで貼り合わせて3重の持ち手にする。

10 ⑪巻きひもの端を⑩持ち手ひもの間に入れてボンドでとめ、すき間なく巻く（P.38「持ち手の巻き方」参照）。反対側の持ち手も同様に作る。

11 ⑫底縁補強ひもを内側の底の縁に沿ってボンドで貼る。⑫底縁補強ひもは必要な長さに切って使う。

12 でき上がり。

六つ目の浅型かご | Photo 14ページ

- ◎**材料** ハマナカエコクラフト [5m巻]こはく(32) 2巻
- ◎**用具** 7ページ参照、厚紙、三角定規
- ◎**でき上がり寸法** 写真参照
- ◎**用意する幅と本数**（裁ち方図参照）

①底ひもa	6本幅	43cm×6本
①底ひもb	6本幅	40cm×6本
①底ひもc	6本幅	37cm×6本
①底ひもd	6本幅	34cm×6本
②編みひも	6本幅	75cm×2本
③縁ひも	12本幅	76cm×2本
④縁補強ひも	3本幅	75cm×2本
⑤底補強ひも	12本幅	75cm×1本
⑥縁かがりひも	2本幅	155cm×2本

◎**裁ち方** こはく[5m巻]

（裁ち方図：462cm／457cm、余り部分あり）

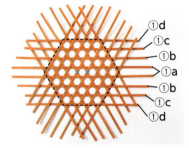

1 厚紙で幅2cmの定規を作る。P.31「六つ目の底・正六角形」を参照し、①底ひもa〜dで六つ目の底を作る。

2 1の破線のところで内側に折り曲げて立ち上げる。

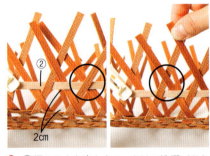

3 ②編みひもを底から2cmあけて洗濯バサミでとめ、六つ目に組む。底と同様、編み入れたときに、3本のひもが互いに押さえ合っていないときは（写真左）、その都度ひもの上下を入れかえる（写真右）。

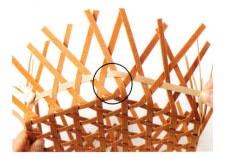

4 少し編んだところ。1段目の側面の角の6カ所は、穴が五角形になる。

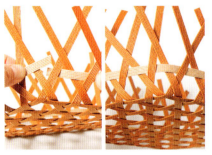

5 編み終わりは、ひもの余分があればカットし、編み始めと重ねてボンドで貼り合わせる。

※編みひものつなぎ目が表側から見えないところで貼り合わせると、仕上がりがきれいです。

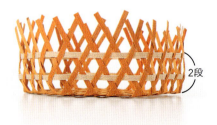

6 2本目の②編みひもを同様に間隔をあけて洗濯バサミでとめ、六つ目に組みながら2段目を編む。

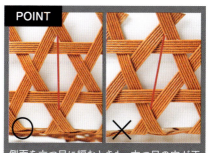

POINT

側面を六つ目に編むときも、六つ目の穴が正六角形になるようにします。六角形の上下の三角の頂点を結んだときに、斜めにならないように気をつけましょう。

7 最終段の②編みひもの上端に合わせて定規を横に当て、線を引く。

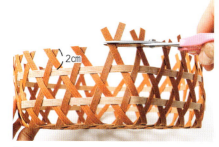

8 ①底ひもを2cm残して切りそろえる。

9 ③縁ひもを①底ひもから4mm上に出るように表側から1周貼る。P.35「縁始末の仕方」を参照し、③縁ひもの裏側に④縁補強ひもを2周、③縁ひもを1周貼る。

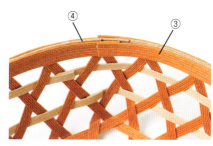

10 縁始末が終わったところ。

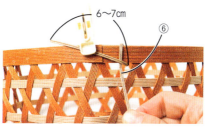

11 縁かがりをする。⑥縁かがりひもを③縁ひもに表側から巻きつけ、ひも端を内側から6〜7cm出して左上方向に倒して洗濯バサミでとめる。

12 ⑥縁かがりひもを③縁ひもに手前から向こうに1周巻きつけ、巻きつけたループの上を通って手前に出して引き締める。

13 隣の目に、今度は③縁ひもに向こうから手前に1周巻きつけ、巻きつけたループの下を通って手前に出す。

14 12と13を交互にくり返し、六つ目1目に対し、2目ずつかがる。途中⑥縁かがりひもがなくなったら、裏側でつぎ足す。

15 縁を1周かがったら、かがり始めのひも（洗濯バサミをはずす）を、かがり終わりのひもで作った輪に、手前側から通す。

16 かがり始めと終わりのひもを引き締める。

17 かがり始めと終わりのひもを③縁ひもの裏側にとめる分だけ残してカットし、ボンドでとめる。

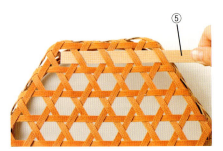

18 底の外側から⑤底補強ひもを六つ目のクロスの間に通す。⑤底補強ひもはその都度必要な長さに切って使う。

19 ⑤底補強ひもを1列おきに計4本通し、ひも端を六つ目の編み目に隠れるようにカットし、ボンドで貼る。

20 でき上がり。

巻き六つ目の小さなかご | Photo 15 ページ

- ◉ **材料** ハマナカエコクラフト
  [5m巻] 白(2) 2巻
  [5m巻] モスグリーン(12) 1巻
- ◉ **用具** 7ページ参照、厚紙、三角定規
- ◉ **でき上がり寸法** 写真参照
- ◉ **用意する幅と本数**（裁ち方図参照）
  指定以外は白

①底ひもa	6本幅	47cm × 6本	
①底ひもb	6本幅	44cm × 6本	
①底ひもc	6本幅	41cm × 6本	
②編みひも	6本幅	59cm × 3本	
③巻きひも（横）	3本幅	74cm × 3本	モスグリーン
④巻きひも（斜め）	3本幅	50cm ×18本	モスグリーン
⑤縁ひも	12本幅	60cm × 2本	
⑥縁補強ひも	2本幅	59cm × 2本	
⑦縁飾りひも	3本幅	60cm × 1本	モスグリーン
⑧持ち手ひも	8本幅	100cm × 1本	
⑨巻きひも	2本幅	310cm × 1本	

◉ **裁ち方**

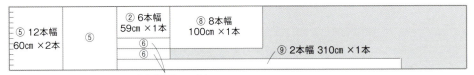

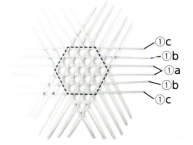

1 厚紙で幅2cmの定規を作る。P.31「六つ目の底・正六角形」を参照し、①底ひもa～cで六つ目の底を作る。

2 1の破線のところで内側に折り曲げて立ち上げる。

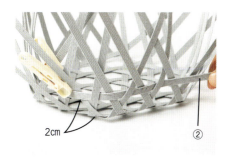

3 ②編みひもを底から2cmあけて洗濯バサミでとめ、六つ目に組む（P.52の3～5参照）。

4 ②編みひもで同様に間隔をあけて、六つ目に組みながら計3段編む。

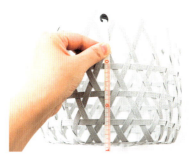

5 底から一番上の②編みひもまでの高さをそろえ、六つ目の穴が正六角形になるように形を整える。

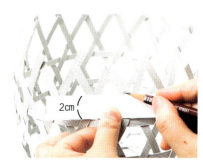

6 最終段の②編みひもの上端に合わせて定規を横に当てて線を引き、①底ひもを2cm残して切りそろえる。

7 ③巻きひも（横）を1段目の②編みひもの裏側にボンドでとめ、斜めに巻きつけていく。

8 1周巻きつけたらひもの余分を5mm残してカットし、貼り始めと重ねて裏側にボンドでとめる。

9 同様に2段目、3段目の②編みひもに③巻きひもを巻きつける。

10 ④巻きひも（斜め）の端を①底ひもの上端の裏側にとめ、①底ひもに斜めに巻きつけていく。

11 そのまま底にも巻きつける。

12 向こう側の①底ひもの上端まで巻きつけたら、余分をカットして①底ひもの表側にボンドでとめる。

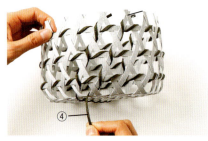

13 同様に④巻きひもを1本ずつ、①底ひもに巻きつける。

14 底に巻きつけ、向こう側まで巻きつける。

15 すべての①底ひもに④巻きひもを巻きつけたところ。

16 底から見たところ。

17 ⑤縁ひもを写真の位置から、①底ひもから4mm上に出るように表側から1周貼る。最後は1cm重ねて貼り合わせる。

※持ち手を差し込んだときに、⑤縁ひもの貼り終わりのつなぎ目がちょうど隠れるようにします。

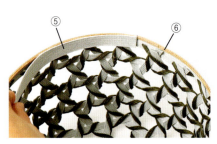

18 P.35「縁始末の仕方」を参照し、⑤縁ひもの裏側に⑥縁補強ひもを2周、⑤縁ひもを1周貼る。

19 表側の⑤縁ひもの下端に合わせて、⑦縁飾りひもを1周貼る。最後は突き合わせにする。

20 持ち手を作る。⑧持ち手ひもは両端から32cmのところで折る。

21 ⑧持ち手ひもをいったん伸ばし、表側から3段目の②編みひもの下に折り目のところまで差し込み、向かい側に渡して同様に差し込む。

22 ⑧持ち手ひもを持ち手の形にし、ボンドで貼り合わせて3重の持ち手にする。

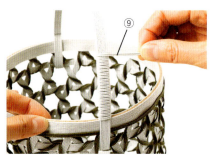

23 ⑨巻きひもの端を⑧持ち手ひもの間に入れてボンドでとめ、すき間なく巻く（P.38「持ち手の巻き方」参照）。

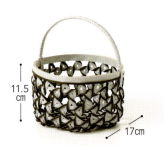

24 でき上がり。

さし六つ目の小さなバッグ　さし六つ目の浅型かご　｜ Photo 16、17 ページ

バッグ

かご

- ◎**材料**　ハマナカエコクラフト
  - バッグ [30m巻] マロン (114) 1巻
  - かご [5m巻] グレー (20) 3巻
- ◎**用具**　7ページ参照、厚紙、三角定規
- ◎**でき上がり寸法**　写真参照
- ◎**用意する幅と本数**（裁ち方図参照）
  - ひも幅はバッグとかご共通

		バッグ	かご
①底ひも a（斜め）	6本幅	52cm×20本	34cm×20本
①底ひも b（横）	6本幅	68cm× 4本	50cm× 4本
②編みひも	6本幅	76cm× 5本	76cm× 2本
③さしひも a	6本幅	42cm×16本	28cm×16本
③さしひも b	6本幅	20cm×16本	12cm×16本
④縁ひも	12本幅	77cm× 2本	77cm× 2本
⑤縁補強ひも	3本幅	150cm× 1本	150cm× 1本
⑥縁かがりひも	2本幅	160cm× 2本	160cm× 2本
⑦リングひも	6本幅	14cm× 4本	
⑧持ち手ひも	8本幅	112cm× 2本	
⑨巻きひも	2本幅	340cm× 2本	

◎ **バッグの裁ち方**

マロン [30m巻]　　　　　　　　　　　　　　　　　　　　　　　　　□ = 余り部分

（裁ち方図：①a 6本幅 52cm×20本、①b 6本幅 68cm×4本、全長 656cm）

（②6本幅 76cm×5本、⑦6本幅 14cm×4本、③a 6本幅 42cm×16本、③b 6本幅 20cm×16本、全長 724cm）

（④12本幅 77cm×2本、⑥2本幅 160cm×2本、⑧8本幅 112cm×2本、⑨2本幅 340cm×2本、⑤3本幅 150cm×1本、全長 654cm）

◎ **かごの裁ち方**

グレー [5m巻]

（①a 6本幅 34cm×20本、①b 6本幅 50cm×4本、③a 6本幅 28cm×4本、全長 496cm）

（③a 6本幅 28cm×12本、③b 6本幅 12cm×16本、②6本幅 76cm×2本、④12本幅 77cm×2本、全長 494cm）

（⑥2本幅 160cm×2本、⑤3本幅 150cm×1本、全長 160cm）

57

※バッグで解説をしています。かごは指定の長さと本数で同様に作ります。

1 厚紙で幅2cm×長さ26cm（かごは長さ17cm）の定規を作る。P.32「六つ目の底・横長の六角形」を参照し、①底ひもa（斜め）、b（横）で六つ目の底を作る。

2 1の破線のところで内側に折り曲げて立ち上げる。

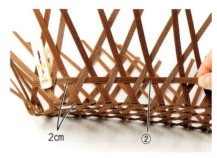

3 ②編みひもを底から2cmあけて左横に洗濯バサミでとめ、六つ目に組む（P.52の3〜5参照）。

4 ②編みひもで同様に間隔をあけて、六つ目に組みながら計5段（かごは2段）編む。

5 底から一番上の②編みひもまでの高さをそろえ、六つ目の穴が正六角形になるように形を整える。

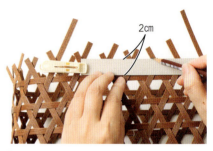

6 最終段の②編みひもの上端に合わせて定規を横に当てて線を引き、①底ひもを2cm残して切りそろえる。

7 ③さしひもaを前側〜底〜後ろ側に縦に通す。まず③さしひもa1本を前側の右下の角が表目になるように通す。

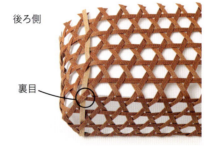

8 そのまま底を通し、後ろ側に通す。後ろ側の左下の角は裏目になる。

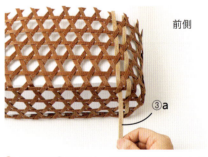

9 2本目の③さしひもaを1本目と互い違いになるように通す。

10 ③さしひもaを全部通したところ。

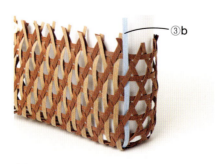

11 右横と左横に③さしひもbを通す。③さしひもbの下端は、内側の底にボンドで貼る（13の写真参照）。

12 片側に③さしひもbを8本ずつ通す。

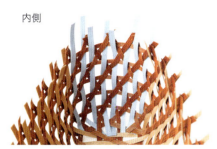
内側

13 内側から見たところ。③さしひもbの下端は、①底ひもの間に隠せるところはくぐらせてからボンドで貼る。

14 ③さしひもの上端が長いところは、①底ひもの端に合わせて切りそろえる。

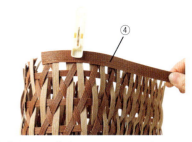

15 ④縁ひもを①底ひもから4mm上に出るように、左横の表側から1周貼る。P.35「縁始末の仕方」を参照し、④縁ひもの裏側に⑤縁補強ひもを2周、④縁ひもを1周貼る。

16 P.53の**11～17**を参照し、⑥縁かがりひもで縁かがりをする。

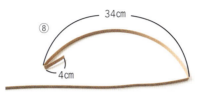

17 バッグは持ち手を作る。⑧持ち手ひもの端を内側に4cm折り、折り目から34cmのところをさらに内側に折る。

18 P.49の**27～31**を参照し、⑧持ち手ひも、⑨巻きひもで持ち手を2本作る。

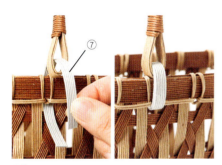

19 ⑦リングひもを持ち手つけ位置（**20**の写真参照）に通し、持ち手のループを通して2重の輪を作りながらボンドで貼り合わせる。

20 余ったひもにボンドをつけ、リングと持ち手のループの間にボンドを入れて固定する。
※リングと持ち手のループを固定するのは、持ち手がグラグラしないで使いやすくするため。

21 反対側の持ち手も同様につける。でき上がり。

ワンポイントレッスン

側面の高さをそろえる

側面のベースを編み終わったら、縁始末やさしひもを通す前に、前側と後ろ側の高さ、左側の面と右側の面の深さが同じになっているかメジャーで測って確認しましょう。深さを一定に整えてから次の作業に入ると、きれいに仕上がります。

四角いかごを作るとき

ボックス型のかごを作るときは、縁ひもを表側に貼ったあと、四隅の角を出すように手で押して形を整えるとよいでしょう。

さし六つ目のかご 大・小 | Photo 18-19 ページ

小

大

- **材料** ハマナカエコクラフト
  - 小 [30m巻] クリーム (110) 1巻
  - 大 [30m巻] サンド (113) 2巻
- **用具** 7ページ参照、厚紙、三角定規
- **でき上がり寸法** 写真参照
- **用意する幅と本数** (裁ち方図参照)
  - ⑧持ち手ひも以外のひも幅は大小共通

		小	大
①底ひもa	8本幅	60cm×6本	100cm×6本
①底ひもb	8本幅	55cm×6本	95cm×6本
①底ひもc	8本幅	50cm×6本	90cm×6本
①底ひもd	8本幅		85cm×6本
①底ひもe	8本幅		80cm×6本
②編みひも	8本幅	67cm×4本	114cm×6本
③さしひも(縦)	4本幅	52cm×18本	81cm×30本
④さしひも(斜め)	4本幅	205cm×6本	280cm×2本
			250cm×11本
⑤縁ひも	12本幅	69cm×2本	117cm×2本
⑥縁補強ひも	3本幅	67cm×2本	115cm×2本
⑦縁かがりひも	2本幅	250cm×1本	210cm×2本
⑧持ち手ひも 小	8本幅	40cm×2本	
⑧持ち手ひも 大	9本幅		55cm×2本
⑨巻きひも	2本幅	140cm×2本	200cm×2本

◎小の裁ち方

クリーム [30m巻]　　　　　□ = 余り部分

①a 8本幅 60cm×6本 / ①a / ①a / ①a / ①a / ①a / ①b 8本幅 55cm×6本 / ①b / ①b / ①b / ①b
③ 4本幅 52cm×18本　（③続く）
← 635cm →

①b / ①c 8本幅 50cm×6本 / ①c / ①c / ①c / ①c / ①c / ② 8本幅 67cm×4本 / ② / ② / ②
→③の続き / ③ / ③ / ③ / ③ / ③ / ⑨ 2本幅 140cm×2本 / ⑦ 2本幅 250cm×1本 （続く）
← 623cm →

⑧ 8本幅 40cm×2本 / ④ 4本幅 205cm×6本 / ④ / ④ / ④ / ④ / ④
⑦の続き
← 490cm →

⑤ 12本幅 69cm×2本 / ⑤ / ⑥ 3本幅 67cm×2本 / ⑥
← 205cm →

◎ 大の裁ち方

※小で解説をしています。大は指定の長さと本数で同様に作ります。

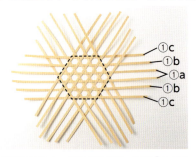

1 厚紙で幅2.4cmの定規を作る。P.31「六つ目の底・正六角形」を参照し、①底ひもa～c（大は①底ひもa～e）で六つ目の底を作る。①底ひもの両端は2.5cmずつ短くなる。

2 1の破線のところで内側に折り曲げて立ち上げる。

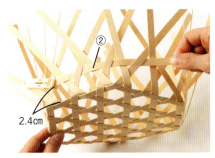

3 ②編みひもを底から2.4cmあけて洗濯バサミでとめ、六つ目に組む（P.52の3～5参照）。

4 ②編みひもで同様に間隔をあけて、六つ目に組みながら計4段（大は6段）編む。底から一番上の②編みひもまでの高さをそろえ、六つ目の穴が正六角形になるように形を整える。

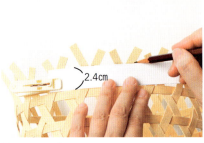

5 最終段の②編みひもの上端に合わせて定規を横に当てて線を引き、①底ひもを2.4cm残して切りそろえる。

6 ③さしひも（縦）を側面の上端から縦に角に向かって通す。

7 そのまま底を通って向かい側の側面の上端まで通す。

8 2本目の③さしひも（縦）を1本目と互い違いになるように通す。

9 六角形の一辺に③さしひもを6本（大は10本）通す。

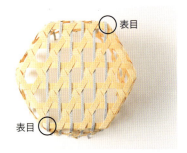

10 底から見たところ。底の右上と左下は表目になる。

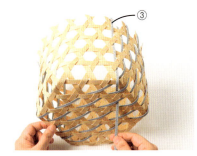

11 右に60度回転させ、6～9と同様に③さしひもを6本（大は10本）通す。

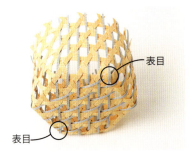

12 通したところ。底の右上と左下は表目になる。

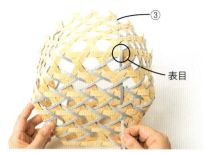

13 さらに右に60度回転させ、6〜9と同様に③さしひもを6本（大は10本）通す。

14 ③さしひもを全部通したところ。

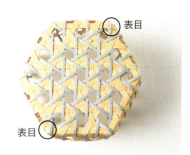

15 底から見たところ。

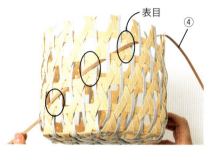

16 次に④さしひも（斜め）を斜めに通す。まず、写真のように側面の編み目に表、裏になるように斜めに通す。
※④さしひもはどこから通しても構いませんが、通す場所によって、ひもの進み方は違ってきます。

17 そのまま底の③さしひもと平行になるように通す。

18 底の隣の③さしひもとは、編み目が互い違いになる。

19 そのまま向こう側の側面に斜めに通す。

20 ④さしひもは①底ひもの上端と同じ高さまで残して切る。④さしひもはその都度必要な長さに切って使う。

21 2本目の④さしひもは1本目と平行に、編み目が互い違いになるように通し、底を通して向こう側の側面にも通す。

22 3本目の④さしひもを通す。3本目は底の角で方向を変え、向こう側に斜めに通す。

23 4本目の④さしひもを通しているところ。

24 同様に④さしひもを通していく。6本通したところ。

25 同様に先に通したひもと平行に、④さしひもを全部に通す。

26 全部通したところ。

27 底から見たところ。

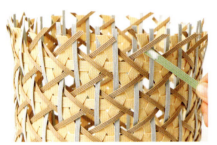

28 側面の上部を模様がつながるようにひもの重なりを整え、重なり部分をボンドでとめる。余ったひもを刷毛がわりにしてボンドを入れるとよい。

29 ③さしひもの上端が長いところは、①底ひもの端に合わせて切りそろえる。

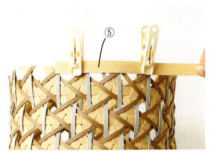

30 ⑤縁ひもを①底ひもから4㎜上に出るように、表側から1周貼る。P.35「縁始末の仕方」を参照し、⑤縁ひもの裏側に⑥縁補強ひもを2周、⑤縁ひもを1周貼る。

31 P.53の**11〜17**を参照し、⑦縁かがりひもで縁かがりをする。

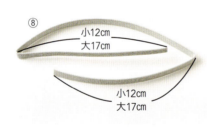

32 持ち手を作る。⑧持ち手ひもは両端から12㎝（大は17㎝）のところで折る。

33 ⑧持ち手ひもをいったん伸ばし、かごの左右の表側から⑤縁ひもの下に折り目のところまで差し込む。

34 ⑧持ち手ひもを持ち手の形にし、ボンドで貼り合わせて3重の持ち手にする。

35 ⑨巻きひもの端を⑧持ち手ひもの間に入れてボンドでとめ、すき間なく巻く（P.38「持ち手の巻き方」参照）。反対側の持ち手も同様に作る。

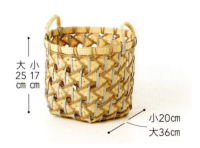

36 でき上がり。

麻の葉崩しのハンドルつきバスケット 大・小 | Photo 20 ページ

- ◎**材料** ハマナカエコクラフト
  - 小 [30m巻] 白 (102) 1巻
  - 大 [30m巻] パステルブルー (118) 1巻
  - [5m巻] パステルブルー (18) 1巻
- ◎**用具** 7ページ参照、厚紙、三角定規
- ◎**でき上がり寸法** 写真参照
- ◎**用意する幅と本数** (裁ち方図参照)

		小	大
①底ひもa	6本幅	53cm×6本	78cm×6本
①底ひもb	6本幅	50cm×6本	75cm×6本
①底ひもc	6本幅	47cm×6本	72cm×6本
①底ひもd	6本幅	44cm×6本	69cm×6本
①底ひもe	6本幅		66cm×6本
②編みひも	6本幅	84cm×2本	103cm×5本
③さしひも(横)	6本幅	84cm×3本	103cm×6本
④さしひも(斜め)	6本幅	500cm×2本	500cm×4本
		50cm×1本	100cm×1本
⑤縁ひも	12本幅	86cm×2本	106cm×2本
⑥縁補強ひも	3本幅	84cm×2本	104cm×2本
⑦リングひも	6本幅	12cm×4本	12cm×4本
⑧持ち手ひも	8本幅	36cm×4本	44cm×4本
⑨持ち手補強ひも	8本幅	20cm×4本	28cm×4本
⑩持ち手ループ	4本幅	20cm×8本	20cm×8本
⑪巻きひも	2本幅	420cm×2本	500cm×2本

◎大の裁ち方

パステルブルー [30m巻]

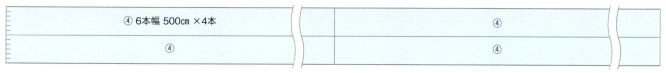

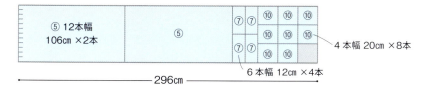

パステルブルー [5m巻]

◎小の裁ち方

白［30m巻］　　　　　　　　　　　　　　　　　　　　　■ = 余り部分

①a 6本幅 53cm ×6本	①a	①a	①b 6本幅 50cm ×6本	①b	①b	①c 6本幅 47cm ×6本	①c	①c	①d 6本幅 44cm ×6本	①d	①d
①a	①a	①a	①b	①b	①b	①c	①c	①c	①d	①d	①d

— 582cm —

② 6本幅 84cm ×2本	③ 6本幅 84cm ×3本	③	④ 6本幅 500cm ×2本
②	③	④ 6本幅 50cm ×1本	④

— 752cm —

⑤12本幅 86cm ×2本	⑤	⑦⑦	⑧ 8本幅 36cm ×4本	⑧	⑧	⑨	⑨	⑨	⑩⑩⑩⑩	⑩⑩⑩⑩	⑥ 3本幅 84cm ×2本
		⑦⑦									⑥

⑧本幅 20cm ×4本
⑪ 2本幅 420cm ×2本
6本幅 12cm ×4本　　4本幅 20cm ×8本

— 616cm —

※小で解説をしています。大は指定の長さと本数で同様に作ります。

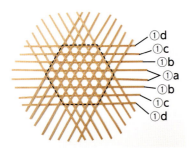

1 厚紙で幅2.4cmの定規を作る。P.31「六つ目の底・正六角形」を参照し、①底ひもa〜d（大は①底ひもa〜e）で六つ目の底を作るが、底の中心のひもはボンドではとめず、ビニールタイなどでとめておく。

2 底の角6カ所はボンドでとめず、洗濯バサミやビニールタイで押さえておく。

※あとでさしひもを通すので、中心と角のひもはボンドで貼らないでおきます。

3 1の破線のところで内側に折り曲げて立ち上げる。

※底の角をボンドでとめていないので、ずれないように注意して立ち上げます。

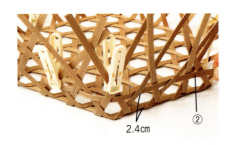

4 ②編みひもを底から2.4cmあけて洗濯バサミでとめ、六つ目に組む（P.52の**3〜5**参照）。

5 ②編みひもを同様に間隔をあけて、六つ目に組みながら計2段（大は5段）編む。底から一番上の②編みひもまでの高さをそろえ、六つ目の穴が正六角形になるように形を整える。

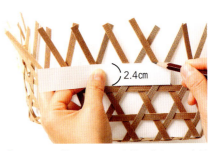

6 最終段の②編みひもの上端に合わせて定規を横に当てて線を引き、①底ひもを2.4cm残して切りそろえる。

7 ⑤縁ひもを①底ひもから4mm上に出るように、表側から1周貼る。最後は1cm重ねてボンドで貼り合わせる。写真は内側から見たところ。

8 ③さしひも（横）を⑤縁ひもと②編みひもの間の、六つ目のクロスの間に通す。

9 1周通したら、ひもの余分があればカットし、通し始めと重ねてボンドで貼り合わせる。
※つなぎ目が表側から見えないところで貼り合わせると、仕上がりがきれいです。

10 ②編みひもと②編みひもの間に残りの③さしひもを同様に通す。

11 次に④さしひも（斜め）を底面の六つ目のクロスの間に横に通す。

12 ④さしひもを横に通したら、左右15cm（大は25cm）残してひもを切る。底面全部に④さしひもを通す。

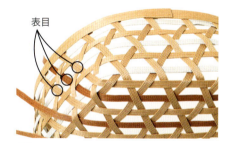

13 続けて左右に残しておいたひもを側面に斜めに通す。このとき、④さしひもを両隣の六つ目のクロスの表、裏とそろうように通す。

14 反対側の残していたひもも側面に同様に通す。

15 底の④さしひもを側面に全部通したところ。左上方向の④さしひもは③さしひもの上にのり、右上方向の④さしひもは②編みひもの上にのる。

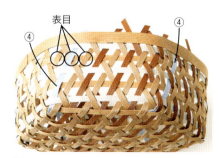

16 底の六角形の角に、④さしひもを通すが、まず④さしひもを必要な長さに切る。右上方向に、両隣の六つ目のクロスの表、裏とそろうように通す。

17 ④さしひもの下端は、①底ひもの間に挟んでボンドで貼る。余ったひもを刷毛がわりにしてボンドを入れるとよい。

18 右上方向に、④さしひもを計6カ所通して貼る。

19 ①底ひもと①底ひもの間で④さしひもがまだ通っていないところに、④さしひもを同様に通す。

20 側面から通し、底を通って向かい側に通し、ひもを切る。④さしひもはその都度必要な長さに切って使う。

21 ④さしひもが底の角を通るときは、①底ひものひもとひもの間を通す。

22 ④さしひもを全部通したところ。④さしひもの上端を①底ひもの端に合わせて切りそろえ、⑤縁ひもの裏側に貼る。

23 底から見たところ。6辺のうち2辺は、④さしひもが①底ひもの表側に出る(それ以外の4辺は①底ひもの間を通る)。

24 側面の編み地のアップ。

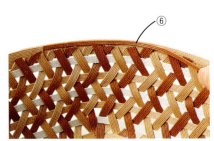

25 P.35「縁始末の仕方」を参照し、⑤縁ひもの裏側に⑥縁補強ひもを2周、⑤縁ひもを1周貼る。

26 持ち手を作る。⑦リングひもを持ち手つけ位置に通して半分に折り、洗濯バサミで仮止めする。

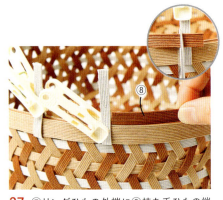

27 ⑦リングひもの外端に⑧持ち手ひもの端を合わせてかごの縁のカーブに沿わせ、反対側の⑦リングひもの外端まできたときに、ひもの余分があれば切る。

※持ち手を倒したときに、かごの縁にぴったりとのるようにするため。

28 P.77の**41〜46**を参照し、⑧持ち手ひも、⑨持ち手補強ひも、⑩持ち手ループ、⑪巻きひもで持ち手を2本作る(**27**でカットした⑧持ち手ひもの方にU字にした⑩持ち手ループを貼る)。

29 **26**の洗濯バサミをはずして⑦リングひもに、持ち手のループを通して2重の輪を作りながらボンドで貼り合わせる。反対側の持ち手も同様につける。

30 でき上がり。

小入れ麻の葉編みのバッグ

Photo 21 ページ、内袋の作り方は 45 ページ

- ◎ **材料** ハマナカエコクラフト [30m巻] ターコイズグリーン (133) 1巻
- ◎ **用具** 7ページ参照、厚紙、三角定規
- ◎ **でき上がり寸法** 写真参照
- ◎ **用意する幅と本数**（裁ち方図参照）

①底ひもa（斜め）	6本幅	60cm×16本
①底ひもb（横）	6本幅	72cm× 4本
②編みひも	6本幅	73cm×5本
③さしひも（横）	3本幅	73cm×6本
④さしひも（斜め）	3本幅	240cm×6本
⑤縁ひも	12本幅	74cm×2本
⑥縁補強ひも	3本幅	144cm×1本
⑦リングひも	6本幅	14cm×4本
⑧持ち手ひも	9本幅	118cm×2本
⑨巻きひも	2本幅	370cm×2本

◎ **裁ち方** ターコイズグリーン［30m巻］ □ = 余り部分

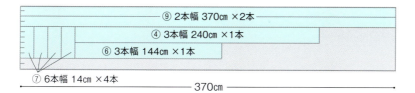

1 厚紙で幅2.4cm×長さ30cmの定規を作る。P.32「六つ目の底・横長の六角形」を参照し、①底ひもa（斜め）、b（横）で六つ目の底を作るが、底の中心のひもはボンドではとめず、ビニールタイなどでとめておく。

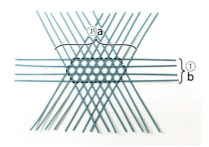

2 底の角6カ所はボンドでとめず、洗濯バサミやビニールタイで押さえておく。

※あとでさしひもを通すので、中心と角のひもはボンドで貼らないでおきます。

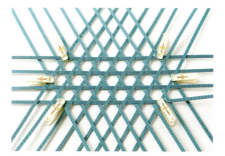

3 1の破線のところで内側に折り曲げて立ち上げる。

※底の角をボンドでとめていないので、ずれないように注意して立ち上げます。

左横

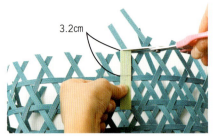

4 ②編みひもを底から2.4cmあけて左横に洗濯バサミでとめ、六つ目に組みながら計5段編む（P.52の**3**～**5**参照）。底から一番上の②編みひもまでの高さをそろえ、六つ目の穴が正六角形になるように形を整える。

5 最終段の②編みひもの上端から3.2cm残して切りそろえる。余ったひもを定規がわりに当てるとよい。

6 ⑤縁ひもを一番上の②編みひもの上端から2.4cmあけ、①底ひもから4mm上に出るように、左横の表側から1周貼る。最後は1cm重ねてボンドで貼り合わせる。写真は内側から見たところ。

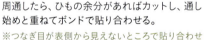

7 ③さしひも（横）を⑤縁ひもと一番上の②編みひもとの間の、六つ目のクロスの間に通す。1周通したら、ひもの余分があればカットし、通し始めと重ねてボンドで貼り合わせる。
※つなぎ目が表側から見えないところで貼り合わせると、仕上がりがきれいです。

8 ②編みひもと②編みひもの間に残りの③さしひもを同様に通す。

9 底の六角形の角に、④さしひも（斜め）を通すが、まず④さしひもを必要な長さに切り、右上方向に六つ目のクロスの間を通す。

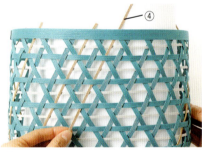

10 ④さしひもの下端は1cm折り、ボンドをつけて底の内側に貼る。片側3本、計6本通す。

11 内側から見たところ。

12 角に通した④さしひもの隣の目に、右上から左下方向に④さしひもを同様に六つ目のクロスの間を通していく。

13 続けて底も同様に通し、向こう側に通す。

14 向こう側まで通したら、④さしひもを切る。④さしひもはその都度必要な長さに切って使う。

15 **13**の隣に、同様に④さしひもを通し、底～向こう側まで通したら、ひもを切る。

16 同様に右上から左下方向に④さしひもを通していくが、先に通した④さしひもとクロスするときは、ひもの重なりをそろえる(**20**の写真参照)。
※③、④さしひもの重なりは、横、右上〜左下、左上〜右下の順に重なるようにします。

17 ④さしひもが底の長辺をまっすぐに通るときは、さしひもの重なりが一番下になるように通す。

18 ④さしひもを全部通したところ。軽く霧吹きをして、模様の間隔がそろうように整える。
※④さしひもはどこから通しても構いませんが、③、④さしひもの重なりの順はそろえるようにします。

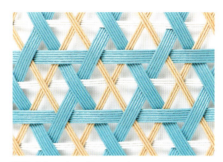

裏側

19 底から見たところ。

20 側面の編み地のアップ。

21 ④さしひもの上端を①底ひもの端に合わせて切りそろえ、⑤縁ひもの裏側にボンドで貼る。

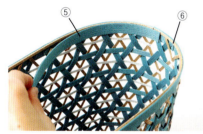
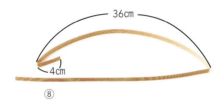

22 P.35「縁始末の仕方」を参照し、⑤縁ひもの裏側に⑥縁補強ひもを2周、⑤縁ひもを1周貼る。

23 持ち手を作る。⑧持ち手ひもの端を内側に4cm折り、折り目から36cmのところをさらに内側に折る。

24 P.49の**27**〜**31**を参照し、⑧持ち手ひも、⑨巻きひもで持ち手を2本作る。

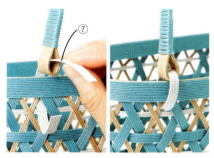

25 ⑦リングひもを持ち手つけ位置(**26**の写真参照)に通し、持ち手のループを通して2重の輪を作りながらボンドで貼り合わせる。

26 余ったひもにボンドをつけ、リングと持ち手のループの間にボンドを入れて固定する。
※リングと持ち手のループを固定するのは、持ち手がグラグラしないで使いやすくするため。

27 反対側の持ち手も同様につける。でき上がり。内袋の作り方は、P.45参照。

71

六つ目華編みのバッグ | Photo 22-23 ページ

A

B

◎**材料** ハマナカエコクラフト
A [30m巻] モスグリーン (112) 1巻
 [5m巻] ベージュ (1) 2巻
B [30m巻] 茜色 (126) 1巻
 [5m巻] ベージュ (1) 2巻
◎**用具** 7ページ参照、厚紙、三角定規
◎**でき上がり寸法** 写真参照

◎Aの裁ち方

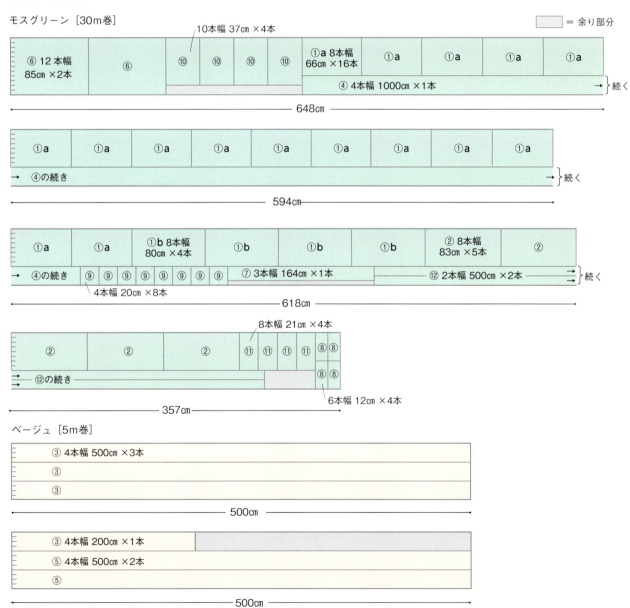

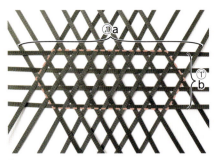

1 厚紙で幅2.6cm×長さ33cmの定規を作る。P.32「六つ目の底・横長の六角形」を参照し、①底ひもa（斜め）、b（横）で六つ目の底を作る。

2 1の破線のところで内側に折り曲げて立ち上げる。

3 ②編みひもを底から2.6cmあけて左横に洗濯バサミでとめ、六つ目に組む（P.52の3～5参照）。

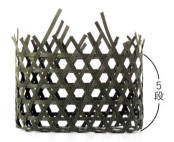

4 ②編みひもで同様に間隔をあけて、六つ目に組みながら計5段編む。

5 最終段の②編みひもの上端に合わせて定規を横に当てて線を引き、①底ひもを2.6cm残して切りそろえる。

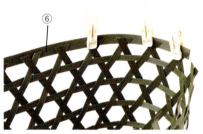

6 ⑥縁ひもを①底ひもから4mm上に出るように、左横の表側から1周貼る。最後は1cm重ねてボンドで貼り合わせる。写真は内側から見たところ。

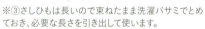

7 六つ目に③、④、⑤さしひもを通して華の模様を作る（P.78参照）。まず、底の六角形の角に③さしひもを縦方向に通すが、③さしひもの端を底から2cm出して洗濯バサミでとめ、⑥縁ひものところで切る。
※③さしひもは長いので束ねたまま洗濯バサミでとめておき、必要な長さを引き出して使います。

8 ③さしひもを底の角に1目おきに通す。③さしひもはその都度必要な長さに切り、片側3本、計6本通す。

9 ③さしひもの下端は底のひもに巻きつけて、ボンドをつけて内側に貼る。

10 底の角に6本通したら、六つ目1目おきに、③さしひもを前側～底～後ろ側に縦に通し、ひもを切る。

11 六つ目1目おきに、縦方向に③さしひもを通したところ。

12 今度は11で通した隣の列の六つ目の目に、編み目が互い違いになるように③さしひもを前側～底～後ろ側に縦に通す。側面の下部分は③さしひもが内側に入りやすいので、指で引き出して長さを充分にとっておく。

13 縦方向の③さしひもを全部通したところ。

14 底から見たところ。

15 今度は③さしひもを右上から左下方向に、六つ目1目おきに斜めに通していく。

16 続けて底を通す。

17 そのまま向こう側の側面に、右下から左上方向に斜めに通し、ひもを切る。

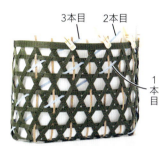

18 15の1本目のひもと平行に、③さしひもを1本ずつ、隣のひもと編み目が互い違いになるように通していく。

19 左横の底から見たところ。

20 右横から見たところ。
※③さしひもはどこから通しても構いませんが、通す場所によって、ひもの進み方は違ってきます。

21 同様に③さしひもを右上から左下方向、右下から左上方向に全部通し、六つ目の中に放射状の華を作る。
※③さしひもの放射状のひもの重なりはそろっていなくても、あとでこの上にひもを通すので大丈夫です。

22 次に④さしひもを右上から左下方向に、放射状の華の上を通って斜めに通す。
※④さしひもも束ねたまま洗濯バサミでとめておき、必要な長さを引き出して使います。

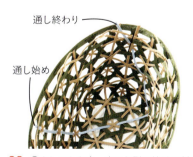

23 ④さしひもを底〜向こう側に続けて斜めに通し、ひもを切る。写真は内側から見たところ。

24 同様に④さしひもを右上から左下方向に、放射状の華の上を通って斜めに通す。写真は2本目の④さしひもを底に通しているところ。

25 3本目の④さしひもを通しているところ。底の長辺をまっすぐに通る。
※④さしひもどこから通しても構いません。

26 底の六角形の角に向かう④さしひもは2本のうち、どちらか1本は底で切って下端を1cm折り、ボンドをつけて底の内側に貼る。片側3本ずつ、計6本、角で切ってとめる。

27 放射状の華の上に、④さしひもを右上から左下方向、右下から左上方向のクロスが全部できるまで通す。
※④さしひものクロスの重なりは、そろえるときれいです。

28 底から見たところ。

29 今度は④さしひもを放射状の華の上を横に1周通す。1周通したら、ひもを切り、通し始めと重ねてボンドで貼り合わせる。
※つなぎ目が表側から見えないところで貼り合わせると、仕上がりがきれいです。

30 ④さしひもを同様に横に計3本通す。

31 次に⑤さしひもを、華のない六つ目のさしひもの交差の下をすくい、六つ目のクロスの上を渡すように通す。

32 右上から左下方向に1本ずつ通し、底〜向こう側に続けて斜めに通す。

33 4本目の⑤さしひもを通しているところ。底の長辺をまっすぐに通る。

34 ⑤さしひもを全部通したところ。側面。
※⑤さしひもどこから通しても構いません。

35 左横から見たところ。

36 底から見たところ。

37 最後に⑤さしひもを華のない六つ目のさしひもの交差の下をすくい、六つ目のクロスの上を渡すように、横に1周通す。

38 1周通したら、ひもを切り、通し始めと重ねてボンドで貼り合わせる。同様に横に計3本通す。

39 さしひもを六つ目のひもの端に合わせて切りそろえ、⑤縁ひもの裏側にボンドで貼る。

40 P.35「縁始末の仕方」を参照し、⑥縁ひもの裏側に⑦縁補強ひもを2周、⑥縁ひもを1周貼る。

41 持ち手を作る。⑨持ち手ループ2本をU字に曲げながら2本を貼り合わせる。内側のはみ出しているひもはカットする。全部で4個作り、端から8cmのところに印をつける。

42 ⑩持ち手ひも4本のうち2本は内側の持ち手になるので、1cmカットして短くし、その上にU字にした⑨持ち手ループを印のところまでのせてボンドでしっかり貼る。

43 ⑩持ち手ひもの反対側にもU字にした⑨持ち手ループを貼り、⑪持ち手補強ひもを⑩持ち手ひもの中央部に2重に貼る。⑪持ち手補強ひもは長ければカットし、⑨持ち手ループと突き合わせにする。

44 もう1本の⑩持ち手ひも（カットしていない方）を外側に貼り、4重にする。

45 ⑫巻きひもの端を⑩持ち手ひもの裏側にボンドでとめ、すき間なく巻く。

46 もう1本の持ち手も同様に作る。持ち手ループはあとでリングひもを通すので、つぶれている場合はペンなどを使って穴を広げておく。

47 ⑧リングひもを持ち手つけ位置に通し、持ち手のループを通して2重の輪を作りながらボンドで貼り合わせる。

48 反対側の持ち手も同様につける。でき上がり。

③、④、⑤さしひもの通し方

六つ目に③、④、⑤さしひもを通していく順序です。さしひもは、側面のどこから通しても構いません（斜めに渡るひもは通す位置によって、ひもの進み方がプロセス写真とは違ってきます）。この写真を参考に、六つ目に華の模様ができるように通します。

③ さしひも

④ さしひも

⑤ さしひも

Bの作品は、Aの作品とひもの色が違うだけで、③、④、⑤さしひもの通す順序は同じです。

片流れあじろ（左上流れ）のバッグ　大・小　　Photo 24 ページ

- ◎ **材料**　ハマナカエコクラフト
  - 小 [30m巻] さくら (127) 1巻
  - 大 [30m巻] パステルピンク (116) 1巻
- ◎ **用具**　7ページ参照
- ◎ **でき上がり寸法**　写真参照
- ◎ **用意する幅と本数**（裁ち方図参照）
  ひも幅は大小共通

			小	大
① 横ひも	6本幅		62cm×13本	68cm×15本
② 縦ひも	6本幅		48cm×29本	56cm×33本
③ 編みひも	6本幅		68cm×18本	77cm×23本
④ 縁ひも	10本幅		66cm×2本	75cm×2本
⑤ 縁補強ひも	2本幅		65cm×1本	74cm×1本
⑥ リングひも	6本幅		13cm×4本	13cm×4本
⑦ 持ち手ひも	8本幅		106cm×2本	120cm×2本
⑧ 巻きひも	2本幅		310cm×2本	370cm×2本
⑨ 飾りひも	2本幅		30cm×2本	34cm×2本

◎ 小の裁ち方

さくら [30m巻]　　　　　　　　　　　□ = 余り部分

◎ 大の裁ち方

パステルピンク [30m巻]　　　　　　　□ = 余り部分

◎模様図

※ 底は表（外側）の状態を表しているので、あじろの底を組んでいるときの面（内側）と模様の流れが逆になります。

大

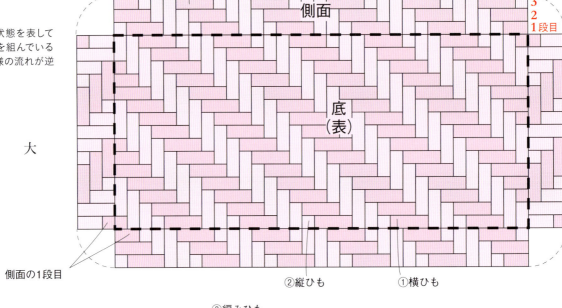

小

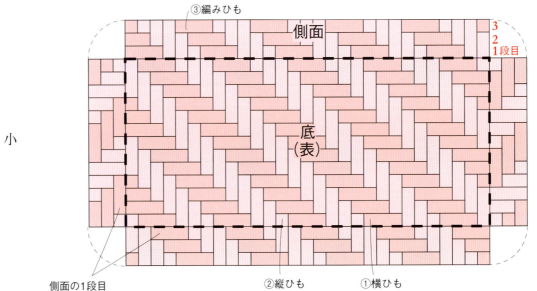

※大で解説をしています。小は指定の長さと本数で同様に作ります。

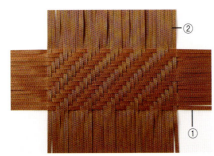

1 P.33「あじろの底」を参照し、①横ひも15本（小は13本）と②縦ひも33本（小は29本）であじろの底を作る。

2 底から出ているひもをすべて内側に折り曲げて立ち上げる。以降、立ち上げたひもをすべて縦ひもとする。

3 ③編みひも1本を左横の縦ひもの裏側に洗濯バサミでとめ（ボンドではとめない）、1段目を表3目、裏3目で1周試し編みをする。

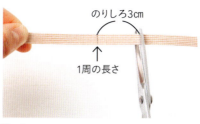

4 1周編んだら、洗濯バサミでとめた③編みひもの先端と合わせ、1周したところに印をつける。

5 ③編みひもをいったんはずし、1周の長さをメジャーで測り、のりしろ3cmをとって余りはカットする。
※底の大きさによって③編みひも1周の長さが変わるため、まず③編みひも1本で試し編みをして1周の長さを測ります。

6 残りの③編みひもを全て同じ長さ（1周の長さ）で印をつけ、のりしろ3cmをとって余りはカットする。
※③編みひもはその都度メジャーで測り、のりしろをとって切ります。1周の長さを正確に測ると全部のひもが同じ周囲になり、側面の形がきれいに仕上がります。

7 ③編みひもを全部カットしたら、3cmののりしろにボンドをつけて輪に貼り合わせる。

8 立ち上げたひもに、輪にした③編みひもをかぶせる。

9 P.80の模様図を見ながら、縦ひもを3目ずつ引き出す。

10 ③編みひもの輪にしたつなぎ目は、左横の縦ひもの裏側にかくれる位置にくるように調整する。

11 ③編みひもを同様に1本ずつかぶせて編み入れる（ここでは表3目、裏3目で左上に1目ずつ模様がずれる）。段と段の間にすき間があかないように編むが、すき間を詰めにくいときは5〜6段編んだら軽く霧吹きをして目を詰めながら編み進める。

12 大は23段（小は18段）編み入れる。

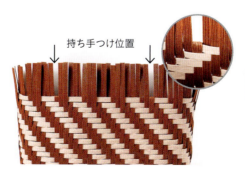

13 縦ひもを引っぱって編み目を下方に詰め、一番上の③編みひもと縦ひもをところどころボンドでとめる。

14 持ち手つけ位置（左右の端から大は7本目、小は6本目）の縦ひもを内側に折り、ボンドをつけて編み目に差し込む。

15 残った縦ひもを9mm残して切りそろえる。余ったひもを定規がわりに当てるとよい。

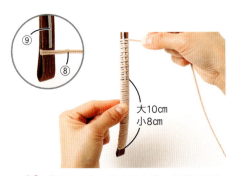

16 P.35「縁始末の仕方」を参照し、④縁ひもを左横中央の表側から1周貼り、④縁ひもの裏側に⑤縁補強ひもを1周、④縁ひもを1周貼る。

17 持ち手を作る。⑦持ち手ひもの端を内側に4cm折り、折り目から大は37cm（小は32cm）のところをさらに内側に折る。P.49の**27～29**を参照し、持ち手の形を作る。

18 ⑨飾りひもの端を持ち手の表側に貼り、⑧巻きひもの端を⑦持ち手ひもの間に入れてボンドでとめ、ループ部分を残して大は10cm（小は8cm）巻いたら（P.38「持ち手の巻き方」参照）、⑨飾りひもの上と下を交互に1回ずつ巻く。

19 巻き終わり側は巻き始めと同様に⑨飾りひもの上から大は10cm（小は8cm）巻く。もう1本の持ち手も同様に作る。

20 ⑥リングひもをP.81の**14**の持ち手つけ位置に通し、持ち手のループを通して2重の輪を作りながらボンドで貼り合わせる。

21 反対側の持ち手も同様につける。でき上がり。

◎片流れあじろ（右上流れ）のショルダーバッグの裁ち方

■ = 余り部分

ベージュ［5m巻］

① 6本幅 80cm×11本	①	①	①	①	①	
①	①	①	①	①	⑥⑥⑥⑥	

6本幅 13cm×4本　　480cm

ベージュ［30m巻］

| ③ 6本幅 84cm×26本 | ③ | ③ | ③ | ③ | ③ | ③ | ③ |
| ③ | ③ | ③ | ③ | ③ | ③ | ③ | ③ |

1092cm

| ② 6本幅 58cm×43本 | ② | ② | ② | ② | ② | ② | ② | ② | ② |
| ② | ② | ② | ② | ② | ② | ② | ② | ② | ② |

1218cm

| ② | ⑦ 8本幅 163cm×2本 | ⑦ | | ④ 10本幅 83cm×2本 | ④ |

⑧ 2本幅 510cm×2本
⑤ 2本幅 82cm×1本

676cm

片流れあじろ（右上流れ）のショルダーバッグ | Photo 25 ページ

- ◎ **材料** ハマナカエコクラフト
  - [30m巻] ベージュ (101) 1巻
  - [5m巻] ベージュ (1) 1巻
- ◎ **用具** 7ページ参照
- ◎ **でき上がり寸法** 写真参照
- ◎ **用意する幅と本数**（裁ち方図参照）

①横ひも	6本幅	80cm× 11本
②縦ひも	6本幅	58cm× 43本
③編みひも	6本幅	84cm× 26本
④縁ひも	10本幅	83cm× 2本
⑤縁補強ひも	2本幅	82cm× 1本
⑥リングひも	6本幅	13cm× 4本
⑦持ち手ひも	8本幅	163cm× 2本
⑧巻きひも	2本幅	510cm× 2本

1 P.33「あじろの底」を参照し、①横ひも11本と②縦ひも43本であじろの底を作り、底から出ているひもをすべて内側に折り曲げて立ち上げる。

2 P.80・81の**3〜11**の要領で、下の模様図を見ながら、③編みひもで26段編み入れる。
※底面の模様の流れを側面（前側と後ろ側）と一致させたいときは、底面を裏返してから立ち上げ、底面の模様と連続するように③編みひもを編み入れます。

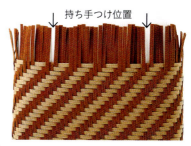

3 P.81・82の**13〜16**と同様に、編み目を詰めて持ち手つけ位置（左右の端から10本目）の縦ひもを内側に折り、残った縦ひもを9mm残して切りそろえて縁始末をする（P.35の「縁始末の仕方」参照）。

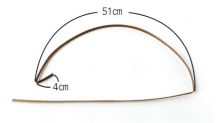

4 持ち手を作る。⑦持ち手ひもの端を内側に4cm折り、折り目から51cmのところをさらに内側に折る。

5 P.49の**27〜30**を参照し、⑦持ち手ひも、⑧巻きひもで持ち手を2本作る。

6 P.82の**20**を参照して、⑥リングひもを通して、持ち手をつける。でき上がり。

◎ **模様図** ※底は表（外側）の状態を表しているので、あじろの底を組んでいるときの面（内側）と模様の流れが逆になります。

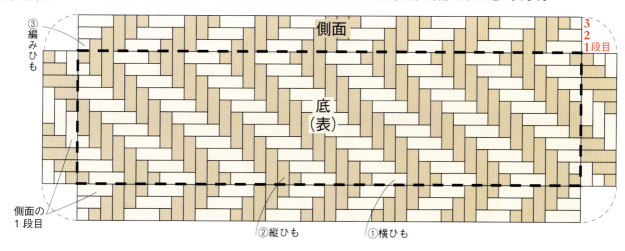

模様あじろのバスケット | Photo 26 ページ

- ◎ **材料** ハマナカエコクラフト
  - [30m巻] グレー (120) 1巻
  - [5m巻] パステルブルー (18) 2巻
- ◎ **用具** 7ページ参照
- ◎ **でき上がり寸法** 写真参照
- ◎ **用意する幅と本数** (裁ち方図参照)
  - 指定以外はグレー

① 横ひも	6本幅	64cm × 23本	
② 縦ひも	6本幅	54cm × 37本	
③ 編みひも	6本幅	95cm × 19本	パステルブルー
④ 縁ひも	12本幅	93cm × 2本	
⑤ 縁補強ひも	3本幅	92cm × 1本	
⑥ 持ち手ひも	12本幅	34cm × 2本	
	6本幅	34cm × 1本	
⑦ 持ち手補強ひも	12本幅	26cm × 1本	
	6本幅	26cm × 1本	
⑧ 巻きひも	2本幅	620cm × 1本	

◎ 裁ち方

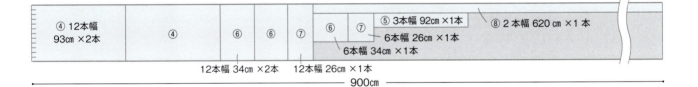

グレー [30m巻] — 768cm / 972cm / 900cm

パステルブルー [5m巻] — 475cm / 475cm

1 P.33「あじろの底」を参照し、①横ひも23本と②縦ひも37本であじろの底を作る。

2 底から出ているひもをすべて内側に折り曲げて立ち上げる。以降、立ち上げたひもをすべて縦ひもとする。

3 P.80・81の3～11の要領で、P.86の模様図を見ながら、③編みひもで19段編み入れる。

4 左横から見たところ。P.81の13を参照し、縦ひもを引っぱって編み目を下方に詰め、一番上の③編みひもと縦ひもをところどころボンドでとめる。

5 持ち手を作る。側面中央の3本の縦ひもの裏側に⑥持ち手ひもを左から12本幅、6本幅の順に並べ、向かい側の縦ひもに渡して同様に貼る。⑥持ち手ひもの端は、最終段の③編みひもの上端と突き合わせにする。

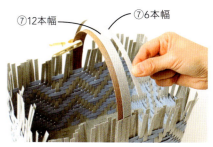

6 ⑥持ち手ひもの上に、⑦持ち手補強ひもを今度は左から6本幅、12本幅の順に並べて貼る。⑦持ち手補強ひもの端は、縦ひもの端と突き合わせにする（長い場合はカットする）。

7 残った縦ひもを9mm残して切りそろえる。余ったひもを定規がわりに当てるとよい。

8 P.35「縁始末の仕方」を参照し、④縁ひもを左横中央の表側から1周貼る。最後は1cm重ねてボンドで貼り合わせる。

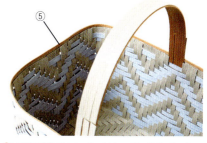

9 ⑤縁補強ひもにボンドをつけ、持ち手のところから④縁ひもの裏側の上端に合わせて1周貼る。⑤縁補強ひもは持ち手のところは避け、必要な長さに切って使う。もう1本の④縁ひもを裏側に1周貼る。

10 持ち手の表側の幅中央に、残りの⑥持ち手ひも12本幅を貼る。⑥持ち手ひもの端は、④縁ひもの上端と突き合わせにする（長い場合はカットする）。

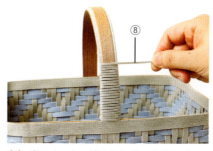

11 ⑧巻きひもの端を持ち手の裏側にボンドでとめ、すき間なく巻く（P.38「持ち手の巻き方」参照）。

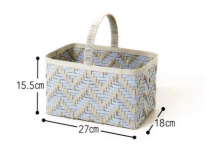

12 でき上がり。

85

◎模様図

※ 底は表（外側）の状態を表しているので、あじろの底を組んでいるときの面（内側）と模様の流れが逆になります。

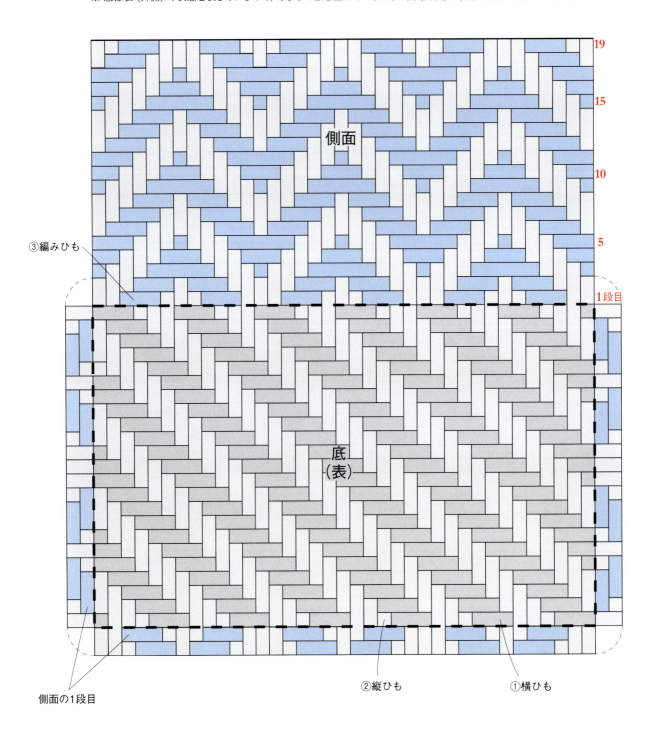

模様あじろの小さなかご | Photo 27ページ

◎**材料** ハマナカエコクラフト
A [5m巻] クリーム (10) 3巻
　　　　　ベージュ (1) 1巻
B [30m巻] ベージュ (101) 1巻
◎**用具** 7ページ参照
◎**でき上がり寸法** 写真参照

◎**用意する幅と本数** (裁ち方図参照)
Aは指定以外クリーム、Bはすべてベージュ

①横ひも	6本幅	46cm × 17本
②縦ひも	6本幅	39cm × 25本
③編みひも	6本幅	66cm × 13本　ベージュ
④縁ひも	12本幅	65cm × 2本
⑤縁補強ひも	3本幅	63cm × 1本
⑥持ち手ひも	6本幅	30cm × 4本
⑦持ち手補強ひも	12本幅	9cm × 1本
⑧巻きひも	2本幅	180cm × 1本
		80cm × 4本

◎**Aの裁ち方**　※Bはベージュ [30m巻] で同じ要領で裁つ

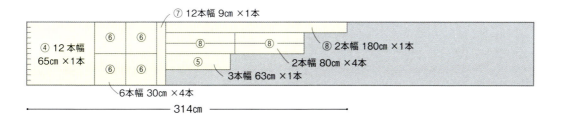

87

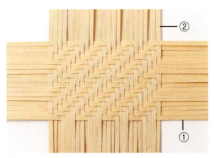

1 P.33「あじろの底」を参照し、①横ひも17本と②縦ひも25本であじろの底を作る。

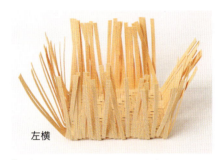

左横

2 底から出ているひもをすべて内側に折り曲げて立ち上げる。以降、立ち上げたひもをすべて縦ひもとする。

3 P.80・81の**3〜11**の要領で、P.89の模様図を見ながら、③編みひもで13段編み入れる。

4 左横から見たところ。P.81の**13**を参照し、縦ひもを引っぱって編み目を下方に詰め、一番上の③編みひもと縦ひもをところどころボンドでとめる。

5 持ち手をつける。⑥持ち手ひもの端にボンドをつけ、端から7本目の縦ひもの表側に貼る。⑥持ち手ひもの端は、最終段の③編みひもの上端と突き合わせにする。同様にもう1本貼る。

6 残りの⑥持ち手ひもにボンドをつけ、**5**の持ち手ひもの裏側に縦ひもを挟むように貼る。

7 ⑥持ち手ひも2本を中央で並べ、表側に⑦持ち手補強ひもを貼る。

8 残った縦ひもを9mm残して切りそろえ、P.35「縁始末の仕方」を参照し、④縁ひもを左横中央の表側から1周貼る。

9 ⑤縁補強ひもにボンドをつけ、持ち手のところから④縁ひもの裏側の上端に合わせて1周貼る。⑤縁補強ひもは持ち手のところは避け、必要な長さに切って使う。もう1本の④縁ひもを裏側に1周貼る。

10 持ち手の下部の裏側に⑧巻きひも（80cm）をボンドでとめ、中央部手前まですき間なく巻いていく（P.38「持ち手の巻き方」参照）。

11 持ち手の下部4カ所を⑧巻きひも（80cm）で巻いたら、中央部を⑧巻きひも（180cm）で巻く。

12 でき上がり。

◎模様図

※ 底は表（外側）の状態を表しているので、あじろの底を組んでいるときの面（内側）と模様の流れが逆になります。

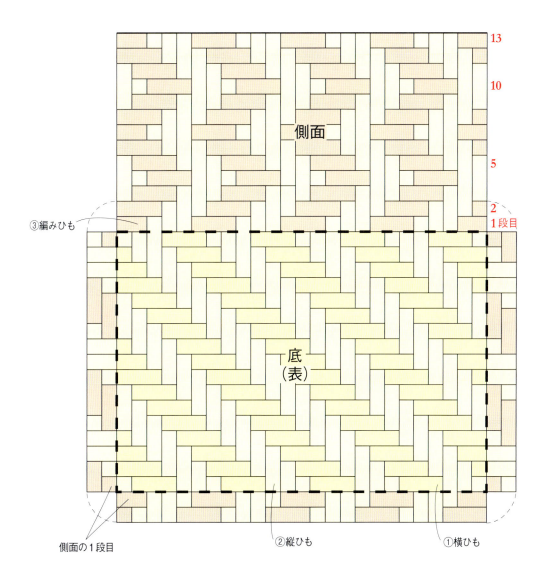

模様あじろの収納ボックス | Photo 28ページ

- ◎**材料** ハマナカエコクラフト
  - [30m巻] 白 (102) 1巻
  - [5m巻] パステルピンク (16) 2巻
- ◎**用具** 7ページ参照
- ◎**でき上がり寸法** 写真参照

- ◎**用意する幅と本数** (裁ち方図参照)
  - 指定以外は白
  - ①横ひも　　6本幅　56cm×23本
  - ②縦ひも　　6本幅　46cm×37本
  - ③編みひも　6本幅　95cm×13本　パステルピンク
  - ④縁ひも　　12本幅　93cm×2本
  - ⑤縁補強ひも　3本幅　92cm×1本
  - ⑥持ち手ひも　6本幅　42cm×2本
  - ⑦巻きひも　　2本幅　140cm×2本

◎裁ち方

白 [30m巻]　　　　　　　　　　　　　　　　　　　　　　　　　　□ = 余り部分

① 6本幅 56cm×23本 — 616cm

② 6本幅 46cm×37本 — 608cm

④ 12本幅 93cm×2本　⑥ 6本幅 42cm×2本　⑦ 2本幅 140cm×1本　⑤ 3本幅 92cm×1本 — 644cm

パステルピンク [5m巻]

③ 6本幅 95cm×13本 — 475cm

— 190cm

1 P.33「あじろの底」を参照し、①横ひも23本と②縦ひも37本であじろの底を作る。

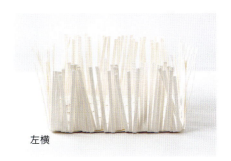

2 底から出ているひもをすべて内側に折り曲げて立ち上げる。以降、立ち上げたひもをすべて縦ひもとする。

3 P.80・81の**3**〜**11**の要領で、P.92の模様図を見ながら、③編みひもで13段編み入れる。

4 左横から見たところ。P.81の**13**を参照し、縦ひもを引っぱって編み目を下方に詰め、一番上の③編みひもと縦ひもをところどころボンドでとめる。

5 持ち手つけ位置（左右の端から6本目）の縦ひもを内側に折り、ボンドをつけて内側の編み目に差し込む。

6 残った縦ひもを9mm残して切りそろえ、P.35「縁始末の仕方」を参照し、④縁ひもを左横の持ち手つけ位置の左隣の縦ひもの表側から1周貼る。

7 ④縁ひもの裏側に⑤縁補強ひもを1周、④縁ひもを1周貼る。
※持ち手を差し込んだときに、④縁ひもの貼り終わりのつなぎ目がちょうど隠れるようにします。

8 持ち手を作る。⑥持ち手ひもは両端から12.5cmのところで折る。

9 ⑥持ち手ひもをいったん伸ばし、かごの左右の表側から④縁ひもの下に折り目のところまで差し込む。

10 ⑥持ち手ひもを持ち手の形にし、ボンドで貼り合わせて3重の持ち手にする。

11 ⑦巻きひもの端を⑥持ち手ひもの間に入れてボンドでとめ、すき間なく巻く（P.38「持ち手の巻き方」参照）。反対側の持ち手も同様に作る。

12 でき上がり。

◎模様図

※ 底は表（外側）の状態を表しているので、あじろの底を組んでいるときの面（内側）と模様の流れが逆になります。

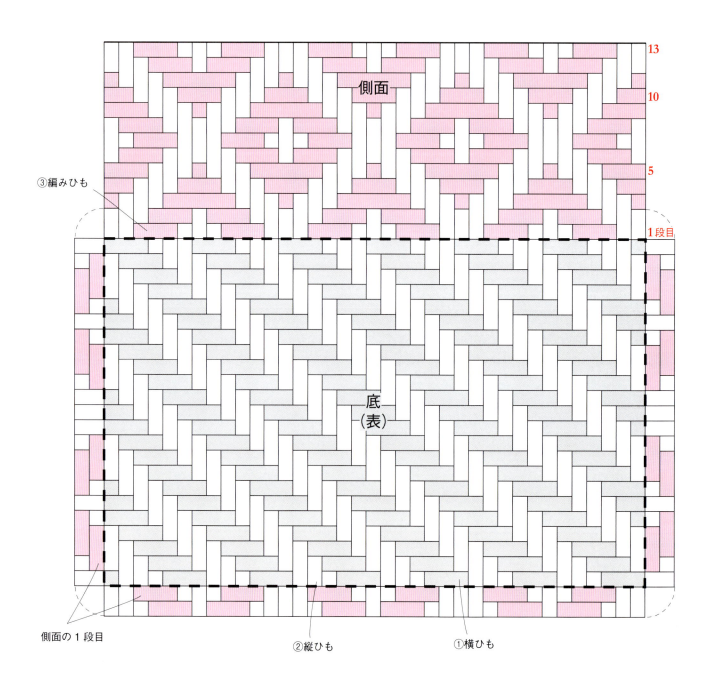

模様あじろのハンドルつきバスケット | Photo 29 ページ

- ◎**材料** ハマナカエコクラフト
  [30m巻] ベージュ (101) 1巻
  [5m巻] マロン (14) 2巻
- ◎**用具** 7ページ参照
- ◎**でき上がり寸法** 写真参照
- ◎**用意する幅と本数** (裁ち方図参照)
  指定以外はベージュ

①横ひも	6本幅	68cm×23本	
②縦ひも	6本幅	58cm×37本	
③編みひも	6本幅	95cm×20本	マロン
④縁ひも	12本幅	94cm×2本	
⑤縁補強ひも	3本幅	93cm×1本	
⑥リングひも	6本幅	12cm×4本	
⑦持ち手ひも	8本幅	40cm×4本	
⑧持ち手ループ	4本幅	20cm×8本	
⑨持ち手補強ひも	8本幅	25cm×4本	
⑩巻きひも	2本幅	420cm×2本	
⑪飾りひも	2本幅	38cm×2本	

◎裁ち方

ベージュ [30m巻]

□ = 余り部分

（裁ち方図省略）

マロン [5m巻]

（裁ち方図省略）

1 P.33「あじろの底」を参照し、①横ひも23本と②縦ひも37本であじろの底を作る。

2 底から出ているひもをすべて内側に折り曲げて立ち上げる。以降、立ち上げたひもをすべて縦ひもとする。

3 P.80・81の**3～11**の要領で、P.95の模様図を見ながら、③編みひもで20段編み入れる。

4 左横から見たところ。P.81の**13**を参照し、縦ひもを引っぱって編み目を下方に詰め、一番上の③編みひもと縦ひもをところどころボンドでとめる。

5 持ち手つけ位置（左右の端から15本目）の縦ひもを内側に折り、ボンドをつけて編み目に差し込む。

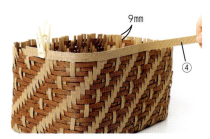

6 残った縦ひもを9mm残して切りそろえ、P.35「縁始末の仕方」を参照し、④縁ひもを左横中央の表側から1周貼る。④縁ひもの裏側に⑤縁補強ひもを1周、④縁ひもを1周貼る。

7 持ち手を作る。⑥リングひもを持ち手つけ位置に通して半分に折り、洗濯バサミで仮止めする。

8 ⑥リングひもの外端に⑦持ち手ひもの端を合わせてかごの縁のカーブに沿わせ、反対側の⑥リングひもの外端まできたときに、ひもの余分があれば切る。

※持ち手を倒したときに、かごの縁にぴったりとのるようにするため。

9 P.77の**41～46**を参照して⑦～⑪ひもで持ち手を作るが（**8**でカットした⑦持ち手ひもの方にU字にした⑧持ち手ループを貼る）、⑪飾りひもの端を持ち手の表側に貼り、⑩巻きひもで11cm巻いたら、⑪飾りひもの上と下を交互に1回ずつ巻く。

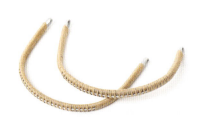

10 巻き終わり側は巻き始めと同様に⑪飾りひもの上から11cm巻く。もう1本の持ち手も同様に作る。

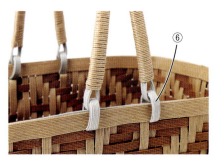

11 **7**の洗濯バサミをはずして⑥リングひもに、持ち手のループを通して2重の輪を作りながらボンドで貼り合わせる。反対側の持ち手も同様につける。

12 でき上がり。

◎模様図

※ 底は表（外側）の状態を表しているので、あじろの底を組んでいるときの面（内側）と模様の流れが逆になります。

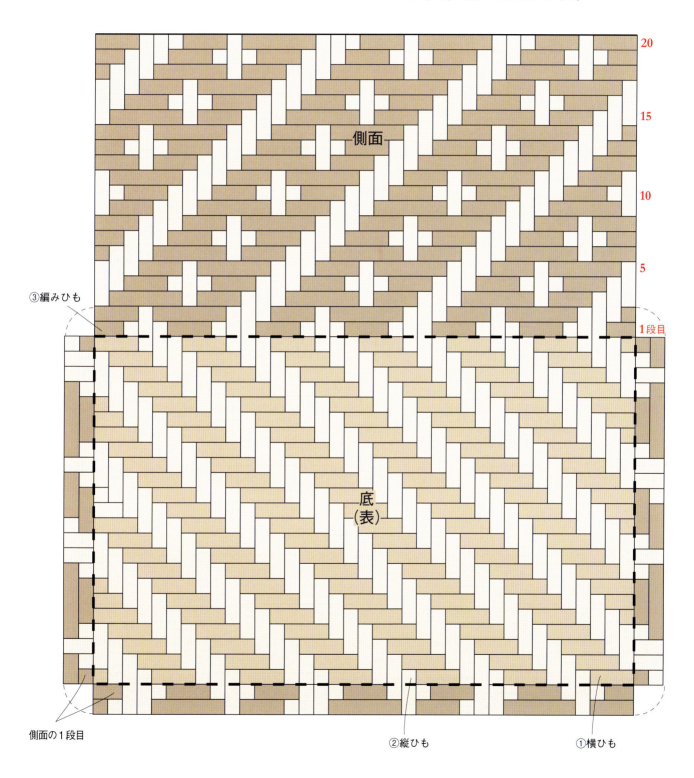

荒関まゆみ　*mayumi araseki*

横浜市在住。母親の影響で手芸に興味をもち、2001年よりエコクラフト手芸の指導を始め、書籍や雑誌への作品発表、テレビ出演など幅広く活躍中。現在、神奈川県内と都内の3カ所のカルチャーセンターでエコクラフト講座を開講中。完成度の高い仕上がりと、シンプルでセンスの光る作風が人気。わかりやすく丁寧な指導にも定評がある。著書に「編み方いろいろ エコクラフトのかご」「手づくりLesson はじめてでも作れる エコクラフトのかご＆バッグ」（朝日新聞出版）、「エコクラフトで作る　まいにちのバッグとかご」（成美堂出版）、「エコクラフトで作る かごとバッグ総集編」（ブティック社）がある。

ホームページ　http://www5a.biglobe.ne.jp/~hpkoto/

◎ Staff

ブックデザイン／平木千草
撮影／下村しのぶ
プロセス撮影／中辻 渉
スタイリング／大原久美子
トレース／白くま工房
作り方協力／チームゆめひも
編集／小出かがり（リトルバード）
編集デスク／朝日新聞出版 生活・文化編集部（森 香織）

◎ 撮影協力

AWABEES　TEL.03-5786-1600

◎ エコクラフトと用具提供

ハマナカ株式会社
〒616-8585　京都市右京区花園薮ノ下町2番地の3
☎ 075-463-5151（代表）
http://www.hamanaka.co.jp
info@hamanaka.co.jp

＊この本の作り方についてお問い合わせは、下記へお願いします。
リトルバード　☎ 03-5309-2260
受付時間／13:00〜17:00（土日・祝日はお休みです）

印刷物のため、作品の色は実物とは多少異なる場合があります。

組み方を楽しむ
エコクラフトのかご作り

著　者　荒関まゆみ
発行者　橋田真琴
発行所　朝日新聞出版
　　　　〒104-8011　東京都中央区築地 5-3-2
　　　　☎ (03) 5541-8996（編集）　(03) 5540-7793（販売）
印刷所　図書印刷株式会社

©2017 Mayumi Araseki
Published in Japan by Asahi Shimbun Publications Inc.
ISBN 978-4-02-333147-1

定価はカバーに表示してあります。
落丁・乱丁の場合は弊社業務部（電話 03-5540-7800）へご連絡ください。
送料弊社負担にてお取り替えいたします。

本書および本書の付属物を無断で写、複製（コピー）、引用することは著作権法上での例外を除き禁じられています。また代行業者等の第三者に依頼してスキャンやデジタル化することは、たとえ個人や家庭内の利用であっても一切認められておりません。